BARÈME

DE L'EMBALLEUR

Par Claudius BRUN.

SE TROUVE

Chez J. BRUN aîné, père et fils, emballeurs,
place Croix-Paquet, 8,

LYON.

IMP. H. STORCK.

BARÊME

DE L'EMBALLEUR

Par Claudius BRUN.

SE TROUVE

**Chez J. BRUN aîné, père et fils, emballeurs,
place Croix-Paquet, 8,**

LYON.

IMP. H. STORCK.

1858

Déposé.

IMP. ET LIT. H. STORCK, RUE DU PLATRE. 8, LYON.

BARÊME DE L'EMBALLEUR

CONTENANT

Le toisé métrique de toutes les dimensions de caisses.

Calculées depuis { Long. 30 cent. / Larg. 6 id. / Haut. 6 id. } jusqu'à { 102 cent. / 102 id. / 102 id. } { par 3 cent^{res} dans tous les sens.

Et depuis cette dernière dimension jusqu'à

Long. 200 cent. / Larg. 100 id. / Haut. 100 id. } par 10 cent^{res} dans tous les sens.

Voici la méthode pour procéder à ces calculs pour les personnes qui voudraient se rendre compte à un centimètre près de toutes les dimensions possibles.

Pour mesurer une caisse métriquement.

Multipliez le tour de la caisse, c'est-à-dire 2 fois la largeur et 2 fois la hauteur par la longueur, et vous aurez déjà les 4 *grands côtés* de la caisse.

Pour avoir les 2 petits côtés, ou *têtes*, doublez la largeur, et multipliez le total par la hauteur.

En additionnant les 2 produits, vous aurez le *toisé* de la caisse.

Exemple prit dans le corps de ce Barême.

$$\text{Dimensions} \begin{cases} \text{longueur} & 160 \\ \text{largeur} & 70 \\ \text{hauteur} & 50 \end{cases}$$

Calcul : 70 + 70 = 1,40
50 + 50 = 1,00

Tour de la caisse : 2,40 × 160 long. = 3,84,00
Largeur 70 + 70 = 1,40 × 50 haut. = 0,70,00

Toisé de la caisse (voyez cette dimension) mètres 4,54,00

Réduction en pieds (*ancienne mesure*). Multipliez par 9 et vous obtiendrez pour ce toisé 40 pieds 86/100, ou autrement dit 41 pieds. Cette méthode n'admettant presque jamais de fractions.

Nota. — Les barres sont comptées, en moyenne, pour 10 centimètres.

Pour trouver promptement, au moyen de ce Barême, *les dimensions* d'une caisse, cherchez : I° la Longueur ; 2° la Hauteur ; 3° la Largeur·

EXPLICATION.

—

Quelques mots suffiront pour mettre à même de se servir de ce barême. Les chiffres sont placés : la première colonne est la longueur des caisses ; la deuxième, la largeur ; la troisième, la hauteur, et les quatrièmes et cinquièmes, le nombre de mètres et centimètres contenus dans la caisse. Pour les caisses plus hautes que larges on prendra la largeur pour la hauteur, ceci ne change rien au toisé de la caisse. Les caisses barrées, chaque barre sera comptée 10 centimètres, quelqu'en soit la grandeur, et sera ajouté.

Below are the three side-by-side column groups of the table, each with the headers Long. | Larg. | Haut. | Mét. | Cent.

Long.	Larg.	Haut.	Mét.	Cent.
30	6	6	0	7
30	9	6	0	10
30	12	6	0	12
30	15	6	0	14
30	18	6	0	16
30	21	6	0	18
30	24	6	0	20
30	27	6	0	23
30	30	6	0	25
30	9	9	0	12
30	12	9	0	14
30	15	9	0	17
30	18	9	0	19
30	21	9	0	21
30	24	9	0	24
30	27	9	0	26
30	30	9	0	28
30	12	12	0	17
30	15	12	0	19
30	18	12	0	22
30	21	12	0	24
30	24	12	0	27
30	27	12	0	29
30	30	12	0	32
30	15	15	0	22
30	18	15	0	25
30	21	15	0	27
30	24	15	0	30
30	27	15	0	33
30	30	15	0	36
30	18	18	0	28
30	21	18	0	30
30	24	18	0	33
30	27	18	0	36
30	30	18	0	39
30	21	21	0	34
30	24	21	0	37

Long.	Larg.	Haut.	Mét.	Cent.
30	27	21	0	40
30	30	21	0	43
30	24	24	0	40
30	27	24	0	43
30	30	24	0	46
30	27	27	0	46
30	30	27	0	50
30	30	30	0	54
33	6	6	0	8
33	9	6	0	10
33	12	6	0	13
33	15	6	0	15
33	18	6	0	18
33	21	6	0	20
33	24	6	0	22
33	27	6	0	25
33	30	6	0	27
33	33	6	0	29
33	9	9	0	13
33	12	9	0	16
33	15	9	0	18
33	18	9	0	21
33	21	9	0	23
33	24	9	0	26
33	27	9	0	28
33	30	9	0	31
33	33	9	0	33
33	12	12	0	18
33	15	12	0	21
33	18	12	0	24
33	21	12	0	26
33	24	12	0	29
33	27	12	0	32
33	30	12	0	34
33	33	12	0	37

Long.	Larg.	Haut.	Mét.	Cent.
33	15	15	0	24
33	18	15	0	27
33	21	15	0	30
33	24	15	0	32
33	27	15	0	35
33	30	15	0	38
33	33	15	0	41
33	18	18	0	30
33	21	18	0	33
33	24	18	0	36
33	27	18	0	39
33	30	18	0	42
33	33	18	0	45
33	21	21	0	36
33	24	21	0	39
33	27	21	0	43
33	30	21	0	46
33	33	21	0	49
33	24	24	0	43
33	27	24	0	46
33	30	24	0	50
33	33	24	0	53
33	27	27	0	50
33	30	27	0	53
33	33	27	0	57
33	30	30	0	57
33	33	30	0	51
33	33	33	0	65
36	6	6	0	9
36	9	6	0	11
36	12	6	0	14
36	15	6	0	16
36	18	6	0	19
36	21	6	0	21
36	24	6	0	24

Long.	Larg.	Haut.	Mèt.	Cent.
36	27	6	0	27
36	30	6	0	29
36	33	6	0	32
36	36	6	0	34
36	9	9	0	14
36	12	9	0	17
36	15	9	0	19
36	18	9	0	22
36	21	9	0	25
36	24	9	0	28
36	27	9	0	30
36	30	9	0	33
36	33	9	0	36
36	36	9	0	38
36	12	12	0	21
36	15	12	0	23
36	18	12	0	25
36	21	12	0	28
36	24	12	0	31
36	27	12	0	33
36	30	12	0	37
36	33	12	0	40
36	36	12	0	42
36	15	15	0	26
36	18	15	0	29
36	21	15	0	32
36	24	15	0	35
36	27	15	0	38
36	30	15	0	41
36	33	15	0	44
36	36	15	0	47
36	18	18	0	32
36	21	18	0	35
36	24	18	0	38
36	27	18	0	42
36	30	18	0	45
36	33	18	0	48
36	36	18	0	51

Long.	Larg.	Haut.	Mèt.	Cent.
36	21	21	0	39
36	24	21	0	42
36	27	21	0	45
36	30	21	0	49
36	33	21	0	52
36	36	21	0	56
36	24	24	0	46
36	27	24	0	49
36	30	24	0	53
36	33	24	0	56
36	36	24	0	60
36	27	27	0	53
36	30	27	0	57
36	33	27	0	61
36	36	27	0	64
36	30	30	0	61
36	33	30	0	65
36	36	30	0	69
36	33	33	0	69
36	36	33	0	73
36	36	36	0	77
39	6	6	0	10
39	9	6	0	12
39	12	6	0	15
39	15	6	0	18
39	18	6	0	20
39	21	6	0	23
39	24	6	0	26
39	27	6	0	28
39	30	6	0	31
39	33	6	0	34
39	36	6	0	37
39	39	6	0	41
39	9	9	0	15

Long.	Larg.	Haut.	Mèt.	Cent.
39	12	9	0	18
39	15	9	0	21
39	18	9	0	24
39	21	9	0	27
39	24	9	0	30
39	27	9	0	32
39	30	9	0	35
39	33	9	0	38
39	36	9	0	41
39	39	9	0	44
39	12	12	0	21
39	15	12	0	24
39	18	12	0	27
39	21	12	0	30
39	24	12	0	33
39	27	12	0	36
39	30	12	0	39
39	33	12	0	43
39	36	12	0	46
39	39	12	0	49
39	15	15	0	27
39	18	15	0	31
39	21	15	0	34
39	24	15	0	37
39	27	15	0	40
39	30	15	0	44
39	33	15	0	47
39	36	15	0	50
39	39	15	0	54
39	18	18	0	34
39	21	18	0	37
39	24	18	0	41
39	27	18	0	44
39	30	18	0	48
39	33	18	0	51
39	36	18	0	55
39	39	18	0	53
39	21	21	0	41

Long.	Larg.	Haut.	Mét.	Cent.
39	24	21	0	45
39	27	21	0	48
39	30	21	0	52
39	33	21	0	55
39	36	21	0	59
39	39	21	0	63
39	24	24	0	48
39	27	24	0	52
39	30	24	0	56
39	33	24	0	60
39	36	25	0	64
39	39	24	0	67
39	27	27	0	56
39	30	27	0	60
39	33	27	0	64
39	36	27	0	68
39	39	27	0	72
39	30	30	0	64
39	33	30	0	68
39	36	30	0	73
39	39	30	0	80
39	33	33	0	73
39	36	33	0	77
39	39	33	0	81
39	36	36	0	82
39	39	36	0	86
39	39	39	0	91
42	6	6	0	10
42	9	6	0	13
42	12	6	0	16
42	15	6	0	19
42	18	6	0	22
42	21	6	0	25
42	24	6	0	28
42	27	6	0	30

Long.	Larg.	Haut.	Mét.	Cent.
42	30	6	0	33
42	33	6	0	36
42	36	6	0	39
42	39	6	0	42
42	42	6	0	45
42	9	9	0	16
42	12	9	0	19
42	15	9	0	22
42	18	9	0	25
42	21	9	0	28
42	24	9	0	32
42	27	9	0	35
42	30	9	0	38
42	33	9	0	41
42	36	9	0	44
42	39	9	0	47
42	42	9	0	50
42	12	12	0	23
42	15	12	0	26
42	18	12	0	29
42	21	12	0	32
42	24	12	0	36
42	27	12	0	39
42	30	12	0	42
42	33	12	0	45
42	36	12	0	49
42	39	12	0	52
42	42	12	0	55
42	15	15	0	29
42	18	15	0	33
42	21	15	0	36
42	24	15	0	39
42	27	15	0	43
42	30	15	0	46
42	33	15	0	49
42	36	15	0	53
42	39	15	0	56
42	42	15	0	60

Long.	Larg.	Haut.	Mét.	Cent.
42	18	18	0	36
42	21	18	0	39
42	24	18	0	43
42	27	18	0	47
42	30	18	0	51
42	33	18	0	54
42	36	18	0	58
42	39	18	0	61
42	42	18	0	64
42	21	21	0	44
42	24	21	0	47
42	27	21	0	51
42	30	21	0	55
42	33	21	0	59
42	36	21	0	63
42	39	21	0	67
42	42	21	0	70
42	24	24	0	51
42	27	24	0	55
42	30	24	0	59
42	33	24	0	63
42	36	24	0	67
42	39	24	0	71
42	42	24	0	75
42	27	27	0	59
42	30	27	0	64
42	33	27	0	68
42	36	27	0	72
42	39	27	0	76
42	42	27	0	80
42	30	30	0	68
42	33	30	0	73
42	36	30	0	77
42	39	30	0	81
42	42	30	0	85
42	33	33	0	77
42	36	33	0	81

Panel 1

Long.	Larg.	Haut.	Mét.	Cent.
42	39	33	0	86
42	42	33	0	90
42	36	36	0	86
42	39	36	0	90
42	42	36	0	95
42	39	39	0	95
42	42	39	1	
42	42	42	1	05
45	6	6	0	11
45	9	6	0	14
45	12	6	0	17
45	15	6	0	20
45	18	6	0	22
45	21	6	0	26
45	24	6	0	29
45	27	6	0	33
45	30	6	0	36
45	33	6	0	39
45	36	6	0	42
45	39	6	0	45
45	42	6	0	48
45	45	6	0	51
45	9	9	0	17
45	12	9	0	21
45	15	9	0	24
45	18	9	0	27
45	21	9	0	30
45	24	9	0	34
45	27	9	0	38
45	30	9	0	40
45	33	9	0	43
45	36	9	0	47
45	39	9	0	50
45	42	9	0	53
45	45	9	0	56
45	12	12	0	24

Panel 2

Long.	Larg.	Haut.	Mét.	Cent.
45	15	12	0	27
45	18	12	0	31
45	21	12	0	35
45	24	12	0	38
45	27	12	0	41
45	30	12	0	45
45	33	12	0	48
45	36	12	0	51
45	39	12	0	55
45	42	12	0	59
45	45	12	0	62
45	15	15	0	31
45	18	15	0	34
45	21	15	0	38
45	24	15	0	42
45	27	15	0	46
45	30	15	0	49
45	33	15	0	53
45	36	15	0	57
45	39	15	0	60
45	42	15	0	64
45	45	15	0	67
45	18	18	0	38
45	21	18	0	42
45	24	18	0	46
45	27	18	0	50
45	30	18	0	54
45	33	18	0	58
45	36	18	0	61
45	39	18	0	65
45	42	18	0	69
45	45	18	0	73
45	21	21	0	46
45	24	21	0	50
45	27	21	0	54
45	30	21	0	58
45	33	21	0	62
45	36	21	0	66
45	39	21	0	70

Panel 3

Long.	Larg.	Haut.	Mét.	Cent.
45	42	21	0	74
45	45	21	0	78
45	24	24	0	54
45	27	24	0	59
45	30	24	0	63
45	33	24	0	67
45	36	24	0	71
45	39	24	0	75
45	42	24	0	79
45	45	24	0	83
45	27	27	0	63
45	30	27	0	67
45	33	27	0	71
45	36	27	0	76
45	39	27	0	80
45	42	27	0	85
45	45	27	0	89
45	30	30	0	72
45	33	30	0	76
45	36	30	0	81
45	39	30	0	85
45	42	30	0	90
45	45	30	0	94
45	33	33	0	81
45	36	33	0	86
45	39	33	0	90
45	42	33	0	94
45	45	33	0	99
45	36	36	0	90
45	39	36	0	95
45	42	36	1	
45	45	36	1	05
45	39	39	1	05
45	42	39	1	10
45	45	39	1	10
45	42	42	1	10

Long.	Larg.	Haut.	Mèt.	Cent.	Long.	Larg.	Haut.	Mèt.	Cent.	Long.	Larg.	Haut.	Mèt.	Cent.
45	45	42	1	16	48	33	12	0	51	48	24	24	0	57
45	45	45	1	21	48	36	12	0	54	48	27	24	0	61
48	6	6	0	12	48	39	12	0	58	48	30	24	0	66
48	9	6	0	15	48	42	12	0	62	48	33	24	0	71
48	12	6	0	18	48	45	12	0	66	48	36	24	0	75
48	15	6	0	21	48	48	12	0	69	48	39	24	0	79
48	18	6	0	24	48	15	15	0	33	48	42	24	0	83
48	21	6	0	28	48	18	15	0	37	48	45	24	0	87
48	24	6	0	31	48	21	15	0	41	48	48	24	0	92
48	27	6	0	35	48	24	15	0	44	48	27	27	0	66
48	30	6	0	38	48	27	15	0	48	48	30	27	0	71
48	33	6	0	41	48	30	15	0	51	48	33	27	0	75
48	36	6	0	45	48	33	15	0	55	48	36	27	0	79
48	39	6	0	48	48	36	15	0	59	48	39	27	0	84
48	42	6	0	51	48	39	15	0	63	48	42	27	0	88
48	45	6	0	54	48	42	15	0	67	48	45	27	0	93
48	48	5	0	57	48	45	15	0	71	48	48	27	0	97
48	9	9	0	18	48	48	15	0	75	48	30	30	0	75
48	12	9	0	22	48	18	18	0	41	48	33	30	0	79
48	15	9	0	25	48	21	18	0	45	48	36	30	0	84
48	18	9	0	29	48	24	18	0	49	48	39	30	0	89
48	21	9	0	33	48	27	18	0	52	48	42	30	0	94
48	24	9	0	36	48	30	18	0	56	48	45	30	0	99
48	27	9	0	40	48	33	18	0	60	48	48	30	1	03
48	30	9	0	43	48	36	18	0	64	48	33	33	0	85
48	33	9	0	46	48	39	18	0	68	48	36	33	0	90
48	36	9	0	49	48	42	18	0	72	48	39	33	0	95
48	39	9	0	53	48	45	18	0	76	48	42	33	0	99
48	42	9	0	56	48	48	18	0	80	48	45	33	1	04
48	45	9	0	59	48	21	21	0	49	48	48	33	1	09
48	48	9	0	63	48	24	21	0	53	48	36	36	0	95
48	12	12	0	25	48	27	21	0	57	48	39	36	0	99
48	15	12	0	28	48	30	21	0	61	48	42	36	1	04
48	18	12	0	32	48	33	21	0	65	48	45	36	1	09
48	21	12	0	36	48	36	21	0	69	48	48	36	1	15
48	24	12	0	40	48	39	21	0	73	48	39	39	1	05
48	27	12	0	44	48	42	21	0	80	48	42	39	1	10
48	30	12	0	47	48	45	21	0	84					
					48	48	21	0	87					

Long.	Larg.	Haut.	Mèt.	Cent.
48	45	29	1	15
48	48	39	1	20
48	42	42	1	15
48	45	42	1	20
48	48	42	1	26
48	45	45	1	26
48	48	45	1	32
48	48	48	1	38
51	6	6	0	12
51	9	6	0	16
51	12	6	0	19
51	15	6	0	22
51	18	6	0	26
51	21	6	0	30
51	24	6	0	33
51	27	6	0	36
51	30	6	0	40
51	33	6	0	43
51	36	6	0	47
51	39	6	0	50
51	42	6	0	53
51	45	6	0	57
51	48	6	0	60
51	51	6	0	64
51	9	9	0	19
51	12	9	0	23
51	15	9	0	27
51	18	9	0	30
51	21	9	0	33
51	24	9	0	37
51	27	9	0	41
51	30	9	0	45
51	33	9	0	48
51	36	9	0	52
51	39	9	0	55
51	42	9	0	59
51	45	9	0	63

Long.	Larg.	Haut.	Mèt.	Cent.
51	48	9	0	66
51	51	9	0	70
51	12	12	0	27
51	15	12	0	31
51	18	12	0	36
51	21	12	0	39
51	24	12	0	41
51	27	12	0	45
51	30	12	0	49
51	33	12	0	53
51	36	12	0	57
51	39	12	0	61
51	42	12	0	65
51	45	12	0	69
51	48	12	0	72
51	51	12	0	76
51	15	15	0	35
51	18	15	0	39
51	21	15	0	43
51	24	15	0	47
51	27	15	0	50
51	30	15	0	54
51	33	15	0	58
51	36	15	0	62
51	39	15	0	66
51	42	15	0	70
51	45	15	0	74
51	48	15	0	78
51	51	15	0	82
51	18	18	0	43
51	21	18	0	47
51	24	18	0	51
51	27	18	0	55
51	30	18	0	59
51	33	18	0	64
51	36	18	0	68
51	39	18	0	72
51	42	18	0	76
51	45	18	0	80

Long.	Larg.	Haut.	Mèt.	Cent.
51	48	18	0	84
51	51	18	0	88
51	21	21	0	52
51	24	21	0	56
51	27	21	0	60
51	30	21	0	64
51	33	21	0	68
51	36	21	0	73
51	39	21	0	77
51	42	21	0	81
51	45	21	0	86
51	48	21	0	89
51	51	21	0	93
51	24	24	0	60
51	27	24	0	65
51	30	24	0	69
51	33	24	0	73
51	36	24	0	78
51	39	24	0	82
51	42	24	0	87
51	45	24	0	91
51	48	24	0	96
51	51	24	1	
51	27	27	0	69
51	30	27	0	74
51	33	27	0	79
51	36	27	0	84
51	39	27	0	88
51	42	27	0	92
51	45	27	0	97
51	48	27	1	02
51	51	27	1	07
51	30	30	0	79
51	33	30	9	84
51	36	30	0	88
51	39	30	0	93
51	42	30	0	98
51	45	30	1	03

Long.	Larg.	Haut.	Mèt.	Cent.
51	48	30	1	08
51	51	30	1	13
51	33	33	0	89
51	36	33	0	94
51	39	33	0	99
51	42	33	1	05
51	45	33	1	10
51	48	33	1	15
51	51	33	1	19
51	36	36	0	99
51	39	36	1	05
51	42	36	1	10
51	45	36	1	15
51	48	36	1	20
51	51	36	1	25
51	39	39	1	10
51	42	39	1	15
51	45	39	1	20
51	48	39	1	25
51	51	39	1	31
51	42	42	1	21
51	45	42	1	27
51	48	42	1	32
51	51	42	1	37
51	45	45	1	32
51	48	45	1	38
51	51	45	1	43
51	48	48	1	44
51	51	48	1	50
51	51	51	1	56
54	6	6	0	13
54	9	6	0	17
54	12	6	0	20
54	15	6	0	24

Long.	Larg.	Haut.	Mèt.	Cent.
54	18	6	0	27
54	21	6	0	31
55	24	6	0	35
54	27	6	0	38
54	30	6	0	42
54	33	6	0	46
54	36	6	0	49
54	39	6	0	53
54	42	6	0	56
54	45	6	0	60
54	48	6	0	64
54	51	6	0	68
54	54	6	0	71
54	9	9	0	21
54	12	9	0	25
54	15	9	0	28
54	18	9	0	32
54	21	9	0	35
54	24	9	0	39
54	27	9	0	43
54	30	9	0	47
54	33	9	0	51
54	36	9	0	54
54	39	9	0	58
54	42	9	0	62
54	45	9	0	66
54	48	9	0	70
54	51	9	0	73
54	54	9	0	77
54	12	12	0	28
54	15	12	0	32
54	18	12	0	36
54	21	12	0	40
54	24	12	0	44
54	27	12	0	48
54	30	12	0	52
54	33	12	0	56
54	36	12	0	60
54	39	12	0	64
54	42	12	0	68

Long.	Larg.	Haut.	Mèt.	Cent.
54	45	12	0	72
54	48	12	0	76
54	51	12	0	80
54	54	12	0	84
54	15	15	0	36
54	18	15	0	40
54	21	15	0	45
54	24	15	0	49
54	27	15	0	53
54	30	15	0	57
54	33	15	0	61
54	36	15	0	65
54	39	15	0	70
54	42	15	0	74
54	45	15	0	79
54	48	15	0	83
54	51	15	0	87
54	54	15	0	90
54	18	18	0	45
54	21	18	0	49
54	24	18	0	53
54	27	18	0	58
54	30	18	0	62
54	33	18	0	66
54	36	18	0	71
54	39	18	0	75
54	42	18	0	80
54	45	18	0	84
54	48	18	0	88
54	51	18	0	93
54	54	18	0	97
54	21	21	0	54
54	24	21	0	60
54	27	21	0	64
54	30	21	0	67
54	33	21	0	71
54	36	21	0	76
54	39	21	0	81
54	42	21	0	85

Long.	Larg.	Haut.	Mét.	Cent.
54	45	21	0	90
54	48	21	0	94
54	51	21	0	99
54	54	21	1	03
54	24	24	0	63
54	27	24	0	68
54	30	24	0	73
54	33	24	0	77
54	36	24	0	81
54	39	24	0	85
54	42	24	0	90
54	45	24	0	95
54	48	24	1	00
54	51	24	1	05
54	54	24	1	10
54	27	27	0	72
54	30	27	0	77
54	33	27	0	82
54	36	27	0	87
54	39	27	0	92
54	42	27	0	97
54	45	27	1	02
54	48	27	1	07
54	51	27	1	11
54	54	27	1	16
54	30	30	0	82
54	33	30	0	87
54	36	30	0	92
54	39	30	0	97
54	42	30	1	03
54	45	30	1	08
54	48	30	1	13
54	51	30	1	18
54	54	30	1	23
54	33	33	0	93
54	36	33	0	98
54	39	33	1	03
54	42	33	1	08

Long.	Larg.	Haut.	Mét.	Cent.
54	45	33	1	13
54	48	33	1	19
54	51	33	1	24
54	54	33	1	29
54	36	36	1	03
54	39	36	1	08
54	42	36	1	14
54	45	36	1	19
54	48	36	1	25
54	51	36	1	30
54	54	36	1	36
54	39	39	1	14
54	42	39	1	19
54	45	39	1	25
54	48	39	1	31
54	51	39	1	36
54	54	39	1	42
54	42	42	1	26
54	45	42	1	30
54	48	42	1	37
54	51	42	1	43
54	54	42	1	49
54	45	45	1	37
54	48	45	1	43
54	51	45	1	49
54	54	45	1	55
54	48	48	1	49
54	51	48	1	55
54	54	48	1	62
54	51	51	1	61
54	54	51	1	68
54	54	54	1	74
57	6	6	0	14
57	9	6	0	18

Long.	Larg.	Haut.	Mét.	Cent.
57	12	6	0	22
57	15	6	0	28
57	18	6	0	30
57	21	6	0	33
57	24	6	0	37
57	27	6	0	40
57	30	6	0	44
57	33	6	0	48
57	36	6	0	52
57	39	6	0	54
57	42	6	0	60
57	45	6	0	64
57	48	6	0	68
57	51	6	0	71
57	54	6	0	74
57	57	6	0	78
57	9	9	0	22
57	12	9	0	26
57	15	9	0	30
57	18	9	0	34
57	21	9	0	38
57	24	9	0	42
57	27	9	0	46
57	30	9	0	49
57	33	9	0	53
57	36	9	0	57
57	39	9	0	61
57	42	9	0	65
57	45	9	0	69
57	48	9	0	73
57	51	9	0	77
57	54	9	0	81
57	57	9	0	85
57	12	12	0	30
57	15	12	0	34
57	18	12	0	38
57	21	12	0	42
57	24	12	0	46
57	27	12	0	50
57	30	12	0	55

Long.	Larg.	Haut.	Mét.	Cent.
57	33	12	0	59
57	36	12	0	63
57	39	12	0	67
57	42	12	0	71
57	45	12	0	75
57	48	12	0	80
57	51	12	0	84
57	54	12	0	88
57	57	12	0	92
57	15	15	0	38
57	18	15	0	42
57	21	15	0	47
57	24	15	0	51
57	27	15	0	56
57	30	15	0	60
57	33	15	0	64
57	36	15	0	68
57	39	15	0	73
57	42	15	0	77
57	45	15	0	82
57	48	15	0	86
57	51	15	0	90
57	54	15	0	94
57	57	15	0	99
57	18	18	0	47
57	21	18	0	51
57	24	18	0	56
57	27	18	0	60
57	30	18	0	65
57	33	18	0	70
57	36	18	0	75
57	39	18	0	79
57	42	18	0	84
57	45	18	0	88
57	48	18	0	93
57	51	18	0	97
57	54	18	1	01
57	57	18	1	06
57	21	21	0	56

Long.	Larg.	Haut.	Mét.	Cent.
57	24	21	0	61
57	27	21	0	66
57	30	21	0	70
57	33	21	0	75
57	36	21	0	80
57	39	21	0	84
57	42	21	0	89
57	45	21	0	94
57	48	21	0	99
57	51	21	1	03
57	54	21	1	08
57	57	21	1	12
57	24	24	0	66
57	27	24	0	70
57	30	24	0	75
57	33	24	0	80
57	36	24	0	85
57	39	24	0	90
57	42	24	0	95
57	45	24	1	
57	48	24	1	05
57	51	24	1	10
57	54	24	1	15
57	57	24	1	19
57	27	27	0	76
57	30	27	0	81
57	33	27	0	86
57	36	27	0	91
57	39	27	0	96
57	42	27	1	
57	45	27	1	05
57	48	27	1	10
57	51	27	1	16
57	54	27	1	21
57	57	27	1	26
57	30	30	0	86
57	33	30	0	91
57	36	30	0	96
57	39	30	1	01

Long.	Larg.	Haut.	Mét.	Cent.
57	42	30	1	07
57	45	30	1	12
57	48	30	1	17
57	51	30	1	22
57	54	20	1	28
57	57	30	1	33
57	33	33	0	97
57	36	33	1	02
57	39	33	1	07
57	42	33	1	12
57	45	33	1	18
57	48	33	1	24
57	51	33	1	29
57	54	33	1	35
57	57	33	1	40
57	36	36	1	08
57	39	36	1	13
57	42	36	1	19
57	45	36	1	25
57	48	36	1	30
57	51	36	1	35
57	54	36	1	41
57	57	36	1	47
57	39	39	1	19
57	42	39	1	25
57	45	39	1	30
57	48	39	1	36
57	51	39	1	42
57	54	39	1	48
57	57	39	1	54
57	42	42	1	31
57	45	42	1	37
57	48	42	1	43
57	51	42	1	48
57	54	42	1	54
57	57	42	1	60
57	45	45	1	43

Group 1

Long.	Larg.	Haut.	Mét.	Cent.
57	48	45	1	49
57	51	45	1	55
57	54	45	1	59
57	57	45	1	67
57	48	48	1	55
57	51	48	1	61
57	54	48	1	68
57	57	48	1	74
57	51	51	1	66
57	54	51	1	73
57	57	51	1	81
57	54	54	1	81
57	57	54	1	88
57	57	57	1	94
60	6	6	0	15
60	9	6	0	19
60	12	6	0	23
60	15	6	0	27
60	18	6	0	31
60	21	6	0	35
60	24	6	0	39
60	27	6	0	42
60	30	6	0	46
60	33	6	0	50
60	36	6	0	54
60	39	6	0	58
60	42	6	0	62
60	45	6	0	66
60	48	6	0	70
60	51	6	0	74
60	54	6	0	78
60	57	6	0	82
60	60	6	0	86
60	9	9	0	23
60	12	9	0	27
60	15	9	0	31

Group 2

Long.	Larg.	Haut.	Mét.	Cent.
60	18	9	0	35
60	21	9	0	39
60	24	9	0	43
60	27	9	0	47
60	30	9	0	52
60	33	9	0	56
60	36	9	0	60
60	39	9	0	64
60	42	9	0	68
60	45	9	0	73
60	48	9	0	77
60	51	9	0	81
60	54	9	0	85
60	57	9	0	89
60	60	9	0	93
60	12	12	0	31
60	15	12	0	36
60	18	12	0	40
60	21	12	0	44
60	24	12	0	48
60	27	12	0	53
60	30	12	0	57
60	33	12	0	62
60	36	12	0	66
60	39	12	0	70
60	42	12	0	75
60	45	12	0	79
60	48	12	0	84
60	51	12	0	88
60	54	12	0	92
60	57	12	0	96
60	60	12	1	
60	15	15	0	40
60	18	15	0	45
60	21	15	0	49
60	24	15	0	53
60	27	15	0	58
60	30	15	0	63
60	33	15	0	67
60	36	15	0	72

Group 3

Long.	Larg.	Haut.	Mét.	Cent.
60	39	15	0	76
60	42	15	0	81
60	45	15	0	86
60	48	15	0	90
60	51	15	0	95
60	54	15	0	99
60	57	15	1	03
60	60	15	1	08
60	18	18	0	49
60	21	18	0	54
60	24	18	0	59
60	27	18	0	64
60	30	18	0	68
60	33	18	0	73
60	36	18	0	77
60	39	18	0	81
60	42	18	0	85
60	45	18	0	90
60	48	18	0	95
60	51	18	1	01
60	54	18	1	05
60	57	18	1	10
60	60	18	1	15
60	21	21	0	59
60	24	21	0	64
60	27	21	0	68
60	30	21	0	73
60	33	21	0	78
60	36	21	0	83
60	39	21	0	88
60	42	21	0	93
60	45	21	0	98
60	48	21	1	03
60	51	21	1	08
60	54	21	1	12
60	57	21	1	17
60	60	21	1	22
60	24	24	0	69
60	27	24	0	74

Long.	Larg.	Haut.	Mèt.	Cent.
60	30	24	0	80
60	33	24	0	85
60	36	24	0	90
60	39	24	0	95
60	42	24	1	
60	45	24	1	05
60	48	24	1	10
60	51	24	1	14
60	54	24	1	19
60	57	24	1	25
60	60	24	1	29
60	27	27	0	79
60	30	27	0	84
60	33	27	0	89
60	36	27	0	95
60	39	27	1	
60	42	27	1	05
60	45	27	1	10
60	48	27	1	16
60	51	27	1	21
60	54	27	1	26
60	57	27	1	31
60	60	27	1	36
60	30	30	0	90
60	33	30	0	95
60	36	30	1	
60	39	30	1	05
60	42	30	1	11
60	45	30	1	16
60	48	30	1	22
60	51	30	1	25
60	54	30	1	33
60	57	30	1	39
60	60	30	1	44
60	33	33	1	01
60	36	33	1	06
60	39	33	1	12
60	42	33	1	17
60	45	33	1	23

Long.	Larg.	Haut.	Mèt.	Cent.
60	48	33	1	28
60	51	33	1	33
60	54	33	1	40
60	57	33	1	45
60	60	33	1	51
60	36	36	1	12
60	39	36	1	17
60	42	36	1	23
60	45	36	1	29
60	48	36	1	35
60	51	36	1	40
60	54	36	1	46
60	57	36	1	52
60	60	36	1	58
60	39	39	1	24
60	42	39	1	30
60	45	39	1	36
60	48	39	1	42
60	51	39	1	48
60	54	39	1	53
60	57	39	1	59
60	60	39	1	65
60	42	42	1	36
60	45	42	1	42
60	48	42	1	48
60	51	42	1	54
60	54	42	1	60
60	57	42	1	66
60	60	42	1	72
60	45	45	1	48
60	48	45	1	54
60	51	45	1	61
60	54	45	1	67
60	57	45	1	73
60	60	45	1	80
60	48	48	1	61
60	51	48	1	67

Long.	Larg.	Haut.	Mèt.	Cent.
60	54	48	1	74
60	57	48	1	80
60	60	48	1	87
60	51	51	1	74
60	54	51	1	80
60	57	51	1	87
60	60	51	1	94
60	54	54	1	87
60	57	54	1	94
60	60	54	2	01
60	57	57	2	01
60	60	57	2	08
60	60	60	1	16
63	6	6	0	15
63	9	6	0	19
63	12	6	0	24
63	15	6	0	28
63	18	6	0	32
63	21	6	0	36
63	24	6	0	40
63	27	6	0	44
63	30	6	0	48
63	33	6	0	52
63	36	6	0	56
63	39	6	0	60
63	42	6	0	64
63	45	6	0	68
63	48	6	0	72
63	51	6	0	78
63	54	6	0	82
63	57	6	0	86
63	60	6	0	90
63	63	6	0	94
63	9	9	0	24
63	12	9	0	28
63	15	9	0	32
63	18	9	0	36
63	21	9	0	41

Long.	Larg.	Haut.	Mèt.	Cent.
63	24	9	0	45
63	27	9	0	49
63	30	9	0	54
63	33	9	0	58
63	36	9	0	63
63	39	9	0	67
63	42	9	0	71
63	45	9	0	75
63	48	9	0	79
63	51	9	0	84
63	54	9	0	88
63	57	9	0	92
63	60	9	0	97
63	63	9	1	02
63	12	12	0	33
63	15	12	0	37
63	18	12	0	42
63	21	12	0	46
63	24	12	0	50
63	27	12	0	55
63	30	12	0	60
63	33	12	0	64
63	36	12	0	68
63	39	12	0	73
63	42	12	0	77
63	45	12	0	82
63	48	12	0	87
63	51	12	0	91
63	54	12	0	96
63	57	12	1	
63	60	12	1	05
63	63	12	1	09
63	15	15	0	42
63	18	15	0	46
63	21	15	0	51
63	24	15	0	56
63	27	15	0	61
63	30	15	0	66
63	33	15	0	70
63	36	15	0	75

Long.	Larg.	Haut.	Mèt.	Cent.
63	39	15	0	79
63	42	15	0	84
63	45	15	0	88
63	48	15	0	93
63	51	15	0	98
63	54	15	1	03
63	57	15	1	08
63	60	15	1	13
63	63	15	1	17
63	18	18	0	51
63	21	18	0	56
63	24	18	0	61
63	27	18	0	66
63	30	18	0	71
63	33	18	0	76
63	36	18	0	81
63	39	18	0	86
63	42	18	0	90
63	45	18	0	95
63	48	18	1	
63	51	18	1	05
63	54	18	1	10
63	57	18	1	15
63	60	18	1	19
63	63	18	1	24
63	21	21	0	61
63	24	21	0	66
63	27	21	0	71
63	30	21	0	77
63	33	21	0	82
63	36	21	0	87
63	39	21	0	92
63	42	21	0	97
63	45	21	1	02
63	48	21	1	08
63	51	21	1	13
63	54	21	1	17
63	57	21	1	22
63	60	21	1	27
63	63	21	1	32

Long.	Larg.	Haut.	Mèt.	Cent.
63	24	24	0	72
63	27	24	0	77
63	30	24	0	82
63	33	24	0	87
63	36	24	0	92
63	39	24	0	98
63	42	24	1	03
63	45	24	1	08
63	48	24	1	13
63	51	24	1	18
63	54	24	1	23
63	57	24	1	28
63	60	24	1	34
63	63	24	1	39
63	27	27	0	81
63	30	27	0	87
63	33	27	0	93
63	36	27	0	99
63	39	27	1	04
63	42	27	1	09
63	45	27	1	15
63	48	27	1	20
63	51	27	1	25
63	54	27	1	30
63	57	27	1	36
63	60	27	1	41
63	63	27	1	47
63	30	30	0	93
63	33	30	0	98
63	36	30	1	04
63	39	30	1	10
63	42	30	1	16
63	45	30	1	21
63	48	30	1	27
63	51	30	1	32
63	54	30	1	38
63	57	30	1	43
63	60	30	1	49
63	63	30	1	55

Long.	Larg.	Haut.	Mét.	Cent.
63	33	33	1	04
63	36	33	1	10
63	39	33	1	15
63	42	33	1	22
63	45	33	1	28
63	48	33	1	33
63	51	33	1	39
63	54	33	1	45
63	57	33	1	51
63	60	33	1	57
63	63	33	1	62
63	36	36	1	16
63	39	36	1	22
63	42	36	1	28
63	45	36	1	34
63	48	36	1	40
63	51	36	1	46
63	54	36	1	52
63	57	36	1	58
63	60	36	1	64
63	63	36	1	70
63	39	39	1	28
63	42	39	1	34
63	45	39	1	40
63	48	39	1	46
63	51	39	1	53
63	54	39	1	59
63	57	39	1	65
63	60	39	1	71
63	63	39	1	77
63	42	42	1	41
63	45	42	1	47
63	48	42	1	53
63	51	42	1	59
63	54	42	1	65
63	57	42	1	72
63	60	42	1	78
63	63	42	1	85

Long.	Larg.	Haut.	Mét.	Cent.
63	45	45	1	54
63	48	45	1	60
63	51	45	1	66
63	54	45	1	72
63	57	45	1	79
63	60	45	1	85
63	63	45	1	92
63	48	48	1	67
63	51	48	1	73
63	54	48	1	80
63	57	48	1	87
63	60	48	1	93
63	63	48	2	
63	51	51	1	80
63	54	51	1	87
63	57	51	1	94
63	60	51	2	01
63	63	51	2	08
63	54	54	1	94
63	57	54	2	01
63	60	54	2	08
63	63	54	2	15
63	57	57	2	08
63	60	57	2	15
63	63	57	2	28
63	60	60	2	23
63	63	60	2	30
63	63	63	2	38
66	6	6	0	16
66	9	6	0	20
66	12	6	0	24
66	15	6	0	28
66	18	6	0	33
66	21	6	0	38
66	24	6	0	42

Long.	Larg.	Haut.	Mét.	Cent.
66	27	6	0	47
66	30	6	0	51
66	33	6	0	55
66	36	6	0	59
66	39	6	0	64
66	42	6	0	68
66	45	6	0	72
66	48	6	0	76
66	51	6	0	80
66	54	6	0	85
66	57	6	0	90
66	60	6	0	94
66	63	6	0	98
66	66	6	1	02
66	9	9	0	24
66	12	9	0	29
66	15	9	0	34
66	18	9	0	38
66	21	9	0	42
66	24	9	0	46
66	27	9	0	51
66	30	9	0	56
66	33	9	0	60
66	36	9	0	65
66	39	9	0	70
66	42	9	0	74
66	45	9	0	78
66	48	9	0	83
66	51	9	0	87
66	54	9	0	92
66	57	9	0	98
66	60	9	1	
66	63	9	1	05
66	66	9	1	10
66	12	12	0	34
66	15	12	0	40
66	18	12	0	44
66	21	12	0	48
66	24	12	0	53
66	27	12	0	58

Long.	Larg.	Haut.	Mèt.	Cent.
66	30	12	0	63
66	33	12	0	67
66	36	12	0	72
66	39	12	0	77
66	42	12	0	8I
66	45	12	0	86
66	48	12	0	90
66	51	12	0	95
66	54	12	1	00
66	57	12	1	05
66	60	12	1	10
66	63	12	1	14
66	66	12	1	18
66	15	15	0	44
66	18	15	0	49
66	21	15	0	54
66	24	15	0	58
66	27	15	0	63
66	30	15	0	68
66	33	15	0	73
66	36	15	0	78
66	39	15	0	83
66	42	15	0	87
66	45	15	0	92
66	48	15	0	97
66	51	15	1	02
66	54	15	I	07
66	57	15	1	12
66	60	15	1	17
66	63	15	1	21
66	66	15	1	26
66	18	18	0	54
66	21	18	0	59
66	24	18	0	64
66	27	18	0	69
66	30	18	0	76
66	33	18	0	79
66	36	18	0	84
66	39	18	0	89
66	42	18	0	94

Long.	Larg.	Haut.	Mèt.	Cent.
66	45	18	0	99
66	48	18	1	04
66	51	18	1	09
66	54	18	1	14
66	57	18	1	19
66	60	18	1	24
66	63	18	1	29
66	66	18	1	34
66	21	21	0	64
66	24	21	0	69
66	27	21	0	74
66	30	21	0	79
66	33	21	0	84
66	36	21	0	90
66	39	21	0	95
06	42	21	1	
66	45	21	1	06
66	48	21	1	12
66	51	21	1	18
66	54	21	1	23
66	57	21	1	27
66	60	21	1	32
66	63	21	1	37
66	66	21	1	42
66	24	24	0	74
66	27	24	0	80
66	30	24	0	85
66	33	24	0	91
66	36	24	0	97
66	39	24	1	02
66	42	24	1	07
66	45	24	1	12
66	48	24	1	17
66	51	24	1	23
66	54	24	1	28
66	57	24	1	33
66	60	24	1	39
66	63	24	1	45
66	66	24	1	50

Long.	Larg.	Haut.	Mèt.	Cent.
66	27	27	0	85
66	30	27	0	90
66	33	27	0	96
66	36	27	1	02
66	39	27	1	07
66	42	27	1	11
66	45	27	1	16
66	48	27	1	22
66	51	27	1	29
66	54	27	1	36
66	57	27	1	41
66	60	27	1	47
66	63	27	1	52
66	66	27	1	57
66	30	30	0	97
66	33	30	1	02
66	36	30	1	08
66	39	30	1	14
66	42	30	1	19
66	45	30	1	25
66	48	30	1	31
66	51	30	1	37
66	54	30	1	43
66	57	30	1	49
66	60	90	1	55
66	63	30	1	60
66	66	30	I	66
66	33	33	1	09
66	36	33	1	14
66	39	33	1	20
66	42	33	1	26
66	45	33	1	32
66	48	33	1	38
66	51	33	1	44
66	54	33	1	50
66	57	33	1	56
66	60	33	1	62
66	63	33	1	68
66	66	33	1	74

Long.	Larg.	Haut.	Mèt.	Cent.
66	36	36	1	21
66	39	36	1	27
66	42	36	1	33
66	45	36	1	39
66	48	36	1	45
66	51	36	1	51
66	54	36	1	57
66	57	36	1	63
66	60	36	1	70
66	63	36	I	76
66	66	36	1	82
66	39	39	1	33
66	42	39	1	37
66	45	39	1	40
66	48	39	1	44
66	51	39	1	50
66	54	39	1	56
66	57	39	1	61
66	60	39	1	77
66	63	39	1	83
66	66	39	1	90
66	42	42	1	46
66	45	42	1	52
66	48	42	1	58
66	51	42	1	65
66	54	42	1	72
66	57	42	1	78
66	60	42	1	85
66	63	42	1	91
66	66	42	1	98
66	45	45	1	59
66	48	45	1	66
66	51	45	1	73
66	54	45	1	79
66	57	45	1	85
66	60	45	1	92
66	63	45	1	98
66	66	45	2	05

Long.	Larg.	Haut.	Mèt.	Cent.
66	48	48	1	74
66	51	48	1	80
66	54	48	1	86
66	57	48	1	93
66	60	48	2	
66	63	48	2	06
66	66	48	2	13
66	51	51	1	86
66	54	51	I	92
66	57	51	1	99
66	60	51	2	07
66	63	51	2	14
66	66	51	2	21
66	54	54	2	
66	57	54	2	07
66	60	54	2	15
66	63	54	2	22
66	66	54	2	29
66	57	57	2	15
66	60	57	2	22
66	63	57	2	29
66	66	57	2	37
66	60	60	2	30
66	63	60	2	37
66	66	60	2	45
66	63	63	2	45
66	66	63	2	53
66	66	66	2	61
69	6	6	0	17
69	9	6	0	21
69	12	6	0	25
69	15	6	0	30
69	18	6	0	35
69	21	6	0	40
69	24	6	0	44

Long.	Larg.	Haut.	Mèt.	Cent.
69	27	6	0	49
69	30	6	0	54
69	33	6	0	59
69	36	6	0	63
69	39	6	0	67
69	42	6	0	71
69	45	6	0	75
69	48	6	0	80
69	51	6	0	85
69	54	6	0	89
69	57	6	0	94
69	60	6	0	99
69	63	6	1	05
69	66	6	1	10
69	69	6	1	15
69	9	9	0	25
69	12	9	0	30
69	15	9	0	35
69	18	9	0	39
69	21	9	0	44
69	24	9	0	49
69	27	9	0	54
69	30	9	0	59
69	33	9	0	64
69	36	9	0	69
69	39	9	0	74
69	42	9	0	78
69	45	9	0	82
69	48	9	0	86
69	51	9	0	90
69	54	9	0	95
69	57	9	1	
69	60	9	1	05
69	63	9	1	10
69	66	9	1	15
69	69	9	1	20
69	12	12	0	35
69	15	12	0	40
69	18	12	0	45
69	21	12	0	50

Long.	Larg.	Haut.	Mèt.	Cent.
69	24	12	0	55
69	27	12	0	60
69	30	12	0	65
69	33	12	0	70
69	36	12	0	75
69	39	12	0	80
69	42	12	0	84
69	45	12	0	89
69	48	12	0	94
69	51	12	0	99
69	54	12	1	04
69	57	12	1	09
69	60	12	1	13
69	63	12	1	18
69	66	12	1	23
69	69	12	1	28
69	15	15	0	46
69	18	15	0	51
69	21	15	0	56
69	24	15	0	61
69	27	15	0	67
69	30	15	0	71
69	33	15	0	76
69	36	15	0	81
69	39	15	0	86
69	42	15	0	91
69	45	15	0	96
69	48	15	1	01
69	51	15	1	06
69	54	15	1	11
69	57	15	1	16
69	60	15	1	21
69	63	15	1	26
69	66	15	1	31
69	69	15	1	36
69	18	18	0	56
69	21	18	0	62
69	24	18	0	67
69	27	18	0	73
69	30	18	0	78

Long.	Larg.	Haut.	Mèt.	Cent.
69	33	18	0	82
69	36	18	0	87
69	39	18	0	92
69	42	18	0	97
69	45	18	1	03
69	48	18	1	08
69	51	18	1	13
69	54	18	1	18
69	57	18	1	23
69	60	18	1	28
69	63	18	1	34
69	66	18	1	39
69	69	18	1	44
69	21	21	0	66
69	24	21	0	72
69	27	21	0	77
69	30	21	0	83
69	33	21	0	88
69	36	21	0	92
69	39	21	0	96
69	42	21	1	02
69	45	21	1	08
69	48	21	1	15
69	51	21	1	20
69	54	21	1	25
69	57	21	1	31
69	60	21	1	36
69	63	21	1	42
69	66	21	1	47
69	69	21	1	53
69	24	24	0	77
69	27	24	0	82
69	30	24	0	88
69	33	24	0	94
69	36	24	1	
69	39	24	1	06
69	42	24	1	12
69	45	24	1	17
69	48	24	1	23
69	51	24	1	28

Long.	Larg.	Haut.	Mèt.	Cent.
69	54	24	1	33
69	57	24	1	38
69	60	24	1	44
69	63	24	1	50
69	66	24	1	55
69	69	24	1	61
69	27	27	0	89
69	30	27	0	95
69	33	27	1	
69	36	27	1	06
69	39	27	1	12
69	42	27	1	17
69	45	27	1	23
69	48	27	1	28
69	51	27	1	34
69	54	27	1	40
69	57	27	1	46
69	60	27	1	52
69	63	27	1	58
69	66	27	1	63
69	69	27	1	69
69	30	30	1	
69	33	30	1	06
69	36	30	1	12
69	39	30	1	18
69	42	30	1	24
69	45	30	1	30
69	48	30	1	36
69	51	30	1	42
69	54	30	1	48
69	57	30	1	54
69	60	30	1	60
69	63	30	1	66
69	66	30	1	72
69	69	30	1	78
69	33	33	1	12
69	36	33	1	18
69	39	33	1	24
69	42	33	1	30

Long.	Larg.	Haut.	Mèt.	Cent.	Long.	Larg.	Haut.	Mèt.	Cent.	Long.	Larg.	Haut.	Mèt.	Cent.
69	45	33	1	37	69	63	42	1	97	69	69	57	2	52
69	48	33	1	43	69	66	42	2	04					
69	51	33	1	49	69	69	42	2	11	69	60	60	2	37
69	54	33	1	55						69	63	60	2	44
69	57	33	1	61	69	45	45	1	64	69	66	60	2	52
69	60	33	1	67	69	48	45	1	71	69	69	60	2	60
69	63	33	1	73	69	51	45	1	78					
69	66	33	1	79	69	54	45	1	85	69	63	63	2	53
69	69	33	1	86	69	57	45	1	92	69	66	63	2	61
					69	60	45	1	98	69	69	63	2	69
69	36	36	1	25	69	63	45	2	05					
69	39	36	1	31	69	66	45	2	12	69	66	66	2	69
69	42	36	1	37	69	69	45	2	19	69	69	66	2	77
69	45	36	1	44										
69	48	36	1	50	69	48	48	1	78	69	69	69	2	85
69	51	36	1	56	69	51	48	1	85					
69	54	36	1	63	69	54	48	1	92	72	6	6	0	18
69	57	36	1	69	69	57	48	1	99	72	9	6	0	22
69	60	36	1	76	69	60	48	2	06	72	12	6	0	27
69	63	36	1	82	69	63	48	2	13	72	15	6	0	32
69	66	36	1	88	69	66	48	2	20	72	18	6	0	37
69	69	36	1	94	69	69	48	2	27	72	21	6	0	41
										72	24	6	0	46
69	39	39	1	38	69	51	51	1	92	72	27	6	0	50
69	42	39	1	44	69	54	51	2		72	30	6	0	55
69	45	39	1	50	69	57	51	2	07	72	33	6	0	60
69	48	39	1	57	69	60	51	2	14	72	36	6	0	65
69	51	39	1	64	69	63	51	2	21	72	39	6	0	70
69	54	59	1	70	69	66	51	2	28	72	42	6	0	74
69	57	39	1	76	69	69	51	2	36	72	45	6	0	78
69	60	39	1	83						72	48	6	0	83
69	63	39	1	89	69	54	54	2	07	72	51	6	0	88
69	66	39	1	96	69	57	54	2	14	72	54	6	0	92
69	69	39	2	02	69	60	54	2	22	72	57	6	0	97
					69	63	54	2	30	72	60	6	1	02
69	42	42	1	51	69	66	54	2	37	72	63	6	1	07
69	45	42	1	57	69	69	54	2	44	72	66	6	1	11
69	48	42	1	64						72	69	6	1	15
69	51	42	1	71	69	57	57	2	22	72	72	6	1	19
69	54	42	1	77	69	60	57	2	30					
69	57	42	1	84	69	63	57	2	37	72	9	9	0	27
69	60	42	1	91	69	66	57	2	44	72	12	9	0	32

Long.	Larg.	Haut.	Mét.	Cent.
72	15	9	0	37
72	18	9	0	42
72	21	9	0	47
72	24	9	0	51
72	27	9	0	56
72	30	9	0	61
72	33	9	0	66
72	36	9	0	71
72	39	9	0	76
72	42	9	0	80
72	45	9	0	85
72	48	9	0	90
72	51	9	0	95
72	54	9	1	
72	57	9	1	05
72	60	9	1	10
72	63	9	1	15
72	66	9	1	19
72	69	9	1	24
72	72	9	1	29
72	12	12	0	37
72	15	12	0	42
72	18	12	0	47
72	21	12	0	52
72	24	12	0	57
72	27	12	0	62
72	30	12	0	67
72	33	12	0	72
72	36	12	0	77
72	39	12	0	82
72	42	12	0	87
72	45	12	0	92
72	48	12	0	97
72	51	12	1	02
72	54	12	1	07
72	57	12	1	12
72	60	12	1	17
72	63	11	1	23
72	66	12	1	28
72	69	12	1	33
72	72	12	1	38

Long.	Larg.	Haut.	Mét.	Cent.
72	15	15	0	47
72	18	15	0	52
72	21	15	0	57
72	24	15	0	62
72	27	15	0	68
72	30	15	0	74
72	33	15	0	79
72	36	15	0	84
72	39	15	0	89
72	42	15	0	94
72	45	15	1	
72	48	15	1	05
72	51	15	1	10
72	54	15	1	15
72	57	15	1	20
72	60	15	1	25
72	63	15	1	30
72	66	15	1	36
72	69	15	1	41
72	72	15	1	47
72	18	18	0	57
72	21	18	0	62
72	24	18	0	68
72	27	18	0	74
72	30	18	0	80
72	33	18	0	85
72	36	18	0	90
72	39	18	0	96
72	42	18	1	01
72	45	18	1	06
72	48	18	1	12
72	51	18	1	17
72	54	18	1	22
72	57	18	1	28
72	60	18	1	34
72	63	18	1	38
72	66	18	1	44
72	69	18	1	50
72	72	18	1	55

Long.	Larg.	Haut.	Mét.	Cont.
72	21	21	0	69
72	24	21	0	75
72	27	21	0	80
72	30	21	0	86
72	33	21	0	91
72	36	21	0	97
72	39	21	1	02
72	42	21	1	07
72	45	21	1	13
72	48	21	1	19
72	51	21	1	25
72	54	21	1	31
72	57	21	1	36
72	60	21	1	41
72	63	21	1	47
72	66	21	1	52
72	69	21	1	58
72	72	21	1	64
72	24	24	0	80
72	27	24	0	86
72	30	24	0	92
72	33	24	0	98
72	36	24	1	04
72	39	24	1	10
72	42	24	1	15
72	45	24	1	21
72	48	24	1	27
72	51	24	1	32
72	54	24	1	38
72	57	24	1	44
72	60	24	1	50
72	63	24	1	56
72	66	24	1	61
72	69	24	1	66
72	72	24	1	72
72	27	27	0	92
72	30	27	0	98
72	33	27	1	04
72	36	27	1	10
72	39	27	1	16

Long.	Larg.	Haut.	Mèt.	Cent.	Long.	Larg.	Haut.	Mèt.	Cent.	Long.	Larg.	Haut.	Mèt.	Cent.
72	42	27	1	22						72	51	45	1	83
72	45	27	1	28	72	36	36	1	29	72	54	45	1	91
72	48	27	1	33	72	39	36	1	36	72	57	45	1	98
72	51	27	1	39	72	42	36	1	42	72	60	45	2	06
72	54	27	1	45	72	45	36	1	49	72	63	45	2	12
72	57	27	1	51	72	48	36	1	55	72	66	45	2	19
72	60	27	1	57	72	51	36	1	61	72	69	45	2	26
72	63	27	1	63	72	54	36	1	68	72	72	45	2	33
72	66	27	1	69	72	57	36	1	74					
72	69	27	1	75	72	60	36	1	81	72	48	48	1	83
72	72	27	I	81	72	63	36	1	88	72	51	48	1	91
					72	66	36	1	95	72	54	48	1	98
72	30	30	1	04	72	69	36	2	01	72	57	48	2	06
72	33	30	1	10	72	72	36	2	07	72	60	48	2	13
72	36	30	1	16						72	63	48	2	20
72	39	30	1	22	72	39	39	1	42	72	66	48	2	27
72	42	30	1	28	72	42	39	1	49	72	69	48	2	34
72	45	30	1	34	72	45	39	1	56	72	72	48	2	42
72	48	30	1	40	72	48	39	1	62					
72	51	30	1	46	72	51	39	1	69	72	51	51	1	99
72	54	30	1	53	72	54	39	1	76	72	54	51	2	06
72	57	30	1	59	72	57	39	1	82	72	57	51	2	13
72	60	30	1	65	72	60	39	1	88	72	60	51	2	21
72	63	30	1	71	72	63	39	1	95	72	63	51	2	28
72	66	30	1	77	72	66	39	2	02	72	66	51	2	35
72	69	30	1	84	72	69	39	2	09	72	69	51	2	42
72	72	30	1	90	72	72	39	2	16	72	72	51	2	50
72	33	33	1	16	72	42	42	1	56	72	54	54	2	13
72	36	33	1	23	72	45	42	1	62	72	57	54	2	20
72	39	33	1	29	72	48	42	1	69	72	60	54	2	28
72	42	33	1	35	72	51	42	1	76	72	63	54	2	36
72	45	33	1	42	72	54	42	1	83	72	66	54	2	43
72	48	33	1	48	72	57	42	1	90	72	69	54	2	51
72	51	33	1	55	72	60	42	1	97	72	72	54	2	59
72	54	33	1	61	72	63	42	2	03					
72	57	33	1	67	72	66	42	2	09	72	57	57	2	28
72	60	33	1	73	72	69	42	2	15	72	60	57	2	36
72	63	33	1	79	72	72	42	2	20	72	63	57	2	44
72	66	33	1	85						72	66	57	2	52
72	69	33	1	91	72	45	45	1	69	72	69	57	2	60
72	72	33	1	98	72	48	45	1	76	72	72	57	2	67

Long.	Larg.	Haut.	Mét.	Cent.
72	60	60	2	44
72	63	60	2	52
72	66	60	2	60
72	69	60	2	68
72	72	60	2	76
72	63	63	2	60
72	66	63	2	68
72	69	63	2	76
72	72	63	2	85
72	66	66	2	76
72	69	66	2	84
72	72	66	2	93
72	69	69	2	93
72	72	69	3	02
72	72	72	3	11
75	6	6	0	18
75	9	6	0	23
75	12	6	0	28
75	15	6	0	33
75	18	6	0	38
75	21	6	0	42
75	24	6	0	47
75	27	6	0	52
75	30	6	0	57
75	33	6	0	62
75	36	6	0	67
75	39	6	0	72
75	42	6	0	77
75	45	6	0	82
75	48	6	0	87
75	51	6	0	91
75	54	6	0	96
75	57	6	1	00
75	60	6	1	06
75	63	6	1	11
75	66	6	1	16

Long.	Larg.	Haut.	Mét.	Cent.
75	69	6	1	21
75	72	6	1	25
75	75	6	1	30
75	9	9	0	28
75	12	9	0	33
75	15	9	0	38
75	18	9	0	43
75	21	9	0	48
75	24	9	0	53
75	27	9	0	58
75	30	9	0	64
75	33	9	0	69
75	36	9	0	74
75	39	9	0	79
75	42	9	0	84
75	45	9	0	89
75	48	9	0	94
75	51	9	0	99
75	54	9	1	04
75	57	9	1	09
75	60	9	1	14
75	63	9	1	19
75	66	9	1	24
75	69	9	1	29
75	72	9	1	34
75	75	9	1	39
75	12	12	0	38
75	15	12	0	43
75	18	12	0	48
75	21	12	0	54
75	24	12	0	60
75	27	12	0	65
75	30.	12	0	70
75	33	12	0	75
75	36	12	0	80
75	39	12	0	85
75	42	12	0	90
75	45	12	0	96
75	48	12	1	01
75	51	12	1	06

Long.	Larg.	Haut.	Mét.	Cent.
75	54	12	1	11
75	57	12	1	16
75	60	12	1	22
75	63	12	1	27
75	66	12	1	33
75	69	12	1	38
75	72	12	1	43
75	75	12	1	48
75	15	15	0	48
75	18	15	0	54
75	21	15	0	60
75	24	15	0	65
75	27	15	0	70
75	30	15	0	76
75	33	15	0	82
75	36	15	0	88
75	39	15	0	93
75	42	15	0	98
75	45	15	1	03
75	48	15	1	08
75	51	15	1	14
75	54	15	1	19
75	57	15	1	25
75	60	15	1	30
75	63	15	1	35
75	66	15	1	40
75	69	15	1	46
75	72	15	1	51
75	75	15	1	57
75	18	18	0	60
75	21	18	0	65
75	24	18	0	71
75	27	18	0	76
75	30	18	0	82
75	33	18	0	88
75	36	18	0	94
75	39	18	1	00
75	42	18	1	05
75	45	18	1	10
75	48	18	1	16

Long.	Larg.	Haut.	Mèt.	Cent.	Long.	Larg.	Haut.	Mèt.	Cent.	Long.	Larg.	Haut.	Mèt.	Cent.
75	51	18	1	21	75	60	24	1	54	75	33	33	1	21
75	54	18	1	27	75	63	24	1	60	75	36	33	1	27
75	57	18	1	33	75	66	24	1	66	75	39	33	1	33
75	60	18	1	38	75	69	24	1	72	75	42	33	1	39
75	63	18	1	43	75	72	24	1	78	75	45	33	1	46
75	66	18	1	49	75	75	24	1	84	75	48	33	1	52
75	69	18	1	54						75	51	33	1	58
75	72	18	1	60	75	27	27	0	95	75	54	33	1	65
75	75	18	1	66	75	30	27	1	01	75	57	33	1	72
					75	33	27	1	07	75	60	33	1	79
75	21	21	0	71	75	36	27	1	14	75	63	33	1	85
75	24	21	0	77	75	39	27	1	20	75	66	33	1	91
75	27	21	0	83	75	42	27	1	26	75	69	33	1	97
75	30	21	0	89	75	45	27	1	32	75	72	33	2	04
75	33	21	0	95	75	48	27	1	38	75	75	33	2	11
75	36	21	1	00	75	51	27	1	44					
75	39	21	1	06	75	54	27	1	50	75	36	36	1	33
75	42	21	1	12	75	57	27	1	56	75	39	36	1	39
75	45	21	1	18	75	60	27	1	62	75	42	36	1	46
75	48	21	1	24	75	63	27	1	68	75	45	36	1	53
75	51	21	1	30	75	66	27	1	75	75	48	36	1	60
75	54	21	1	35	75	69	27	1	81	75	51	36	1	67
75	57	21	1	41	75	72	27	1	87	75	54	36	1	74
75	60	21	1	47	75	75	27	1	93	75	57	36	1	81
75	63	21	1	53						75	60	36	1	87
75	66	21	1	58	75	30	30	1	07	75	63	36	1	94
75	69	21	1	64	75	33	30	1	14	75	66	36	2	
75	72	21	1	70	75	36	30	1	21	75	69	36	2	07
75	75	21	1	75	75	39	30	1	27	75	72	36	2	14
					75	42	30	1	33	75	75	36	2	20
75	24	24	0	83	75	45	30	1	39					
75	27	24	0	89	75	48	30	1	45	75	39	36	1	47
75	30	24	0	95	75	51	30	1	51	75	42	36	1	54
75	33	24	1	01	75	54	30	1	58	75	45	36	1	61
75	36	24	1	07	75	57	30	1	64	75	48	36	1	68
75	39	24	1	13	75	60	30	1	70	76	51	36	1	75
75	42	34	1	19	75	63	30	1	76	75	54	36	1	82
75	45	24	1	25	75	66	30	1	83	75	57	36	1	88
75	48	24	1	31	75	69	30	1	89	75	60	36	1	95
75	51	24	1	37	75	72	30	1	95	75	63	36	2	02
75	54	24	1	43	75	75	30	2	02	75	66	36	2	09
75	57	24	1	49						75	69	36	2	16

Long.	Larg.	Haut.	Mèt.	Cent.
75	72	39	2	22
75	75	39	2	29
75	42	42	1	61
75	45	42	1	68
75	48	42	1	75
75	51	42	1	82
75	54	42	1	89
75	57	42	1	96
75	60	42	2	03
75	63	42	2	10
75	66	42	2	17
75	69	42	2	24
75	72	42	2	31
75	75	42	2	38
75	45	45	1	75
75	48	45	1	82
75	51	45	1	89
75	54	45	1	97
75	57	45	2	04
75	60	45	2	11
75	63	45	2	18
75	66	45	2	25
75	69	45	2	32
75	72	45	2	40
75	75	45	2	47
75	48	48	1	89
75	51	48	1	97
75	54	48	2	05
75	57	48	2	13
75	60	48	2	20
75	63	48	2	27
75	66	48	2	35
75	69	48	2	42
75	72	48	2	49
75	75	48	2	56
75	51	51	2	05
75	54	51	2	13
75	57	51	2	20

Long.	Larg.	Haut.	Mèt.	Cent.
75	60	51	2	27
75	63	51	2	35
75	66	51	2	42
75	69	51	2	50
75	72	51	2	57
75	75	51	2	65
75	54	54	2	20
75	57	54	2	28
75	60	54	2	36
75	63	54	2	44
75	66	54	2	51
75	69	54	2	58
75	72	54	2	66
75	75	54	2	74
75	57	57	2	36
75	60	57	2	44
75	63	57	2	52
75	66	57	2	59
75	69	57	2	67
75	72	57	2	75
75	75	57	2	83
75	60	60	2	52
75	63	60	2	60
75	66	60	2	68
75	69	60	2	76
75	72	60	2	84
75	75	60	2	92
75	63	63	2	68
75	66	63	2	76
75	69	63	2	84
75	72	63	2	92
75	75	63	3	01
75	66	66	2	84
75	69	66	2	92
75	72	66	3	01
75	75	66	3	10

Long.	Larg.	Haut.	Mèt.	Cent.
75	69	69	3	01
75	72	69	3	10
75	75	69	3	19
75	72	72	3	19
75	75	72	3	28
75	75	75	3	37
78	6	6	0	19
78	9	6	0	24
78	12	6	0	29
78	15	6	0	34
78	18	6	0	39
78	21	6	0	44
78	24	6	0	49
78	27	6	0	54
78	30	6	0	59
78	33	6	0	64
78	36	6	0	69
78	39	6	0	74
78	42	6	0	80
78	45	6	0	85
78	48	6	0	90
78	51	6	0	95
78	54	6	1	
78	57	6	1	05
78	60	6	1	10
78	63	6	1	15
78	66	6	1	20
78	69	6	1	25
78	72	6	1	30
78	75	6	1	35
78	78	6	1	40
78	9	9	0	29
78	12	9	0	35
78	15	9	0	40
78	18	9	0	45
78	21	9	0	50
78	24	9	0	55
78	27	9	0	60

Long.	Larg.	Haut.	Mèt.	Cent.	Long.	Larg.	Haut.	Mèt.	Cent.	Long.	Larg.	Haut.	Mèt.	Cent.
78	30	9	0	65	78	15	15	0	50	78	75	18	1	72
78	33	9	0	70	78	18	15	0	56	78	78	18	1	77
78	36	9	0	76	78	21	15	0	62					
78	39	9	0	81	78	24	15	0	67	78	21	21	0	73
78	42	9	0	86	78	27	15	0	73	78	24	21	0	82
78	45	9	0	91	78	30	15	0	79	78	27	21	0	87
78	48	9	0	97	78	33	15	0	85	78	30	21	0	92
78	51	9	1	02	78	36	15	0	91	78	33	21	0	97
78	54	9	1	07	78	39	15	0	96	78	36	21	1	02
78	57	9	1	12	78	42	15	1	01	78	39	21	1	08
78	60	9	1	17	78	45	15	1	07	78	42	21	1	15
78	63	9	1	22	78	48	15	1	13	78	45	21	1	21
78	66	9	1	28	78	51	15	1	19	78	48	21	1	27
78	69	9	1	33	78	54	15	1	25	78	51	21	1	33
78	72	9	1	38	78	57	15	1	30	78	54	21	1	39
78	75	9	1	43	78	60	15	1	35	78	57	21	1	45
78	78	9	1	49	78	63	15	1	40	78	60	21	1	51
					78	66	15	1	46	78	63	21	1	57
78	12	12	0	40	78	69	15	1	51	78	66	21	1	63
78	15	12	0	45	78	72	15	1	57	78	69	21	1	69
78	18	12	0	50	78	75	15	1	62	78	72	21	1	75
78	21	12	0	56	78	78	15	1	68	78	75	21	1	81
78	24	12	0	62						78	78	21	1	87
78	27	12	0	67	78	18	18	0	62					
78	30	12	0	72	78	21	18	0	67	78	24	24	0	87
78	33	12	0	77	78	24	18	0	73	78	27	24	0	92
78	36	12	0	83	78	27	18	0	79	78	30	24	0	98
78	39	12	0	88	78	30	18	0	85	78	33	24	1	04
78	42	12	0	93	78	33	18	0	90	78	36	24	1	10
78	45	12	1	99	78	36	18	0	96	78	39	24	1	16
78	48	12	1	05	78	39	18	1	02	78	42	24	1	22
78	51	12	1	10	78	42	18	1	08	78	45	24	1	28
78	54	12	1	15	78	45	18	1	14	78	48	24	1	34
78	57	12	1	20	78	48	18	1	20	78	51	24	1	41
78	60	12	1	26	78	51	18	1	26	78	54	24	1	47
78	63	12	1	31	78	54	18	1	32	78	57	24	1	53
78	66	12	1	37	78	57	18	1	37	78	60	24	1	59
78	69	12	1	42	78	60	18	1	43	78	63	24	1	66
78	72	12	1	47	78	63	18	1	49	78	66	24	1	72
78	75	12	1	53	78	66	18	1	55	78	69	24	1	78
78	78	12	1	59	78	69	18	1	61	78	72	24	1	84
					78	72	18	1	67	78	75	24	1	90

Long.	Larg.	Haut.	Mèt.	Cent.
78	78	24	1	96
78	27	27	0	98
78	30	27	1	04
78	33	27	1	10
78	36	27	1	17
78	39	27	1	23
78	42	27	1	29
78	45	27	1	36
78	48	27	1	42
78	51	27	1	49
78	54	27	1	55
78	57	27	1	61
78	60	27	1	67
78	63	27	1	73
78	66	27	1	80
78	69	27	1	86
78	72	27	1	92
78	75	27	1	98
78	78	27	2	06
78	30	30	1	11
78	33	30	1	17
78	36	30	1	23
78	39	30	1	30
78	42	30	1	37
78	45	30	1	44
78	48	30	1	50
78	51	30	1	56
78	54	30	1	63
78	57	30	1	70
78	60	30	1	76
78	63	30	1	81
78	66	30	1	89
78	69	30	1	96
78	72	30	2	03
78	75	30	2	09
78	78	30	2	15
78	33	33	1	23
78	36	33	1	29
78	39	33	1	36

Long.	Larg.	Haut.	Mèt.	Cent.
78	42	33	1	43
78	45	33	1	50
78	48	33	1	57
78	51	33	1	64
78	54	33	1	70
78	57	33	1	77
78	60	33	1	84
78	63	33	1	91
78	66	33	1	98
78	69	33	2	05
78	72	33	2	11
78	75	33	2	17
78	78	33	2	24
78	36	36	1	36
78	39	36	1	43
78	42	36	1	49
78	45	36	1	57
78	48	36	1	65
78	51	36	1	74
78	54	36	1	81
78	57	36	1	88
78	60	36	1	94
78	63	36	2	[illegible]
78	66	36	2	06
78	69	36	2	13
78	72	36	2	20
78	75	36	2	27
78	78	36	2	34
78	39	39	1	49
78	42	39	1	57
78	45	39	1	65
78	48	39	1	72
78	51	39	1	80
78	54	39	1	87
78	57	39	1	94
78	60	39	2	01
78	63	39	2	07
78	66	39	2	15
78	69	39	2	22
78	72	39	2	28
78	75	39	2	35

Long.	Larg.	Haut.	Mèt.	Cent.
78	78	39	2	43
78	42	42	1	65
78	45	42	1	72
78	48	42	1	80
78	51	42	1	88
78	54	42	1	95
78	57	42	2	02
78	60	42	2	09
78	63	42	2	16
78	66	42	2	23
78	69	42	2	31
78	72	42	2	38
78	75	42	2	45
78	78	42	2	52
78	45	45	1	80
78	48	45	1	87
78	51	45	1	95
78	54	45	2	03
78	57	45	2	10
78	60	45	2	17
78	63	45	2	25
78	66	45	2	32
78	69	45	2	39
78	72	45	2	47
78	75	45	2	54
78	78	45	2	62
78	48	48	1	95
78	51	48	2	03
78	54	48	2	11
78	57	48	2	19
78	60	48	2	27
78	63	48	2	34
78	66	48	2	41
78	69	48	2	48
78	72	48	2	55
78	75	48	2	63
78	78	48	2	71
78	51	51	2	11
78	54	51	2	18

Long.	Larg.	Haut.	Mèt.	Cent.	Long.	Larg.	Haut.	Mèt.	Cent.	Long.	Larg.	Haut.	Mèt.	Cent.
78	57	51	2	26						81	69	6	1	29
78	60	51	2	34	78	66	66	2	92	81	72	6	1	34
78	63	51	2	41	78	69	66	3	00	81	75	6	1	39
78	66	51	2	49	73	72	66	3	09	81	78	6	1	44
78	69	51	2	57	78	75	66	3	18	81	81	6	1	50
78	72	51	2	62	78	78	66	3	27					
78	75	51	2	71						81	9	9	0	30
78	78	51	2	80	78	69	69	3	09	81	12	9	0	36
					78	72	69	3	18	81	15	9	0	41
78	54	54	2	26	78	75	69	3	28	81	18	9	0	47
78	57	54	2	34	78	78	69	3	37	81	21	9	0	52
78	00	54	2	42						81	24	9	0	57
78	63	54	2	50	78	72	72	3	28	81	27	9	0	63
78	66	54	2	58	78	75	72	3	37	81	30	9	0	68
78	69	54	2	66	78	78	72	3	46	81	33	9	0	73
78	72	54	2	74						81	36	9	0	79
78	75	54	2	82	78	75	75	3	46	81	39	9	0	84
78	78	54	2	90	78	78	75	3	55	81	42	9	0	89
										81	45	9	0	94
78	57	57	2	42	78	78	78	3	65	81	48	9	1	00
78	60	57	2	50						81	51	9	1	06
78	63	57	2	58	81	6	6	0	20	81	54	9	1	11
78	66	57	2	67	81	9	6	0	25	81	57	9	1	16
78	69	57	2	76	81	12	6	0	30	81	60	9	1	21
78	72	57	2	83	81	15	6	0	35	81	63	9	1	27
78	75	57	2	91	81	18	6	0	40	81	66	9	1	33
78	78	57	2	99	81	21	6	0	45	81	69	9	1	38
					81	24	6	0	50	81	72	9	1	43
78	60	60	2	58	81	27	6	0	56	81	75	9	1	49
78	63	60	2	67	81	30	6	0	62	81	78	9	1	55
78	66	60	2	76	81	33	6	0	67	81	81	9	1	60
78	69	60	2	84	81	36	6	0	72					
78	72	60	2	92	81	39	6	0	77	81	12	12	0	41
78	75	60	3	00	31	42	6	0	82	81	15	12	0	46
78	78	60	3	08	81	45	6	0	87	81	18	12	0	52
					81	48	6	0	92	81	21	12	0	58
78	63	63	2	76	81	51	6	0	97	81	24	12	0	64
78	66	63	2	84	81	54	6	1	03	81	27	12	0	70
78	69	63	2	92	81	57	6	1	08	81	30	12	0	75
78	72	63	3	01	81	60	6	1	13	81	33	12	0	81
78	75	63	3	09	81	63	6	1	18	81	36	12	0	87
78	78	63	3	18	81	66	6	1	23	81	39	12	0	93

Long.	Larg.	Haut.	Mêt.	Cent.
81	42	12	0	98
81	45	12	1	03
81	48	12	1	09
81	51	12	1	15
81	54	12	1	21
81	57	12	1	26
81	60	12	1	31
81	63	12	1	36
81	66	12	1	41
81	69	12	1	47
81	72	12	1	53
81	75	12	1	58
81	78	12	1	64
81	81	12	1	70
81	15	15	0	52
81	18	15	0	58
81	21	15	0	64
81	24	15	0	70
81	27	15	0	76
81	30	15	0	81
81	33	15	0	87
81	36	15	0	93
81	39	15	0	99
81	42	15	1	05
81	45	15	1	11
81	48	15	1	16
81	51	15	1	22
81	54	15	1	27
81	57	15	1	33
81	60	15	1	39
81	63	15	1	44
81	66	15	1	50
81	69	15	1	56
81	72	15	1	61
81	75	15	1	67
81	78	15	1	73
81	81	15	1	79
81	18	18	0	64
81	21	18	0	70
81	24	18	0	76

Long.	Larg.	Haut.	Mêt.	Cent.
81	27	18	0	82
81	30	18	0	88
81	33	18	0	94
81	36	18	1	00
81	39	18	1	06
81	42	18	1	12
81	45	18	1	18
81	48	18	1	24
81	51	18	1	30
81	54	18	1	36
81	57	18	1	42
81	60	18	1	47
81	63	18	1	53
81	66	18	1	59
81	69	18	1	65
81	72	18	1	71
81	75	18	1	77
81	73	18	1	83
81	81	18	1	89
81	21	21	0	76
81	24	21	0	82
81	27	21	0	88
81	30	21	0	94
81	33	21	1	00
81	36	21	1	07
81	39	21	1	13
81	42	21	1	19
81	45	21	1	25
81	48	21	1	31
81	51	21	1	38
81	54	21	1	44
81	57	21	1	50
81	60	21	1	56
81	63	21	1	62
81	66	21	1	68
81	69	21	1	74
81	72	21	1	80
81	75	21	1	86
81	78	21	1	92
81	81	21	1	99

Long.	Larg.	Haut.	Mêt.	Cent.
81	24	24	0	83
81	27	24	0	94
81	30	24	1	01
81	33	24	1	08
81	36	24	1	14
81	39	24	1	20
81	42	24	1	26
81	45	24	1	32
81	48	24	1	38
81	51	24	1	45
81	54	24	1	51
81	57	24	1	57
81	60	24	1	64
81	63	24	1	70
81	66	24	1	76
81	69	24	1	83
81	72	24	1	89
81	75	24	1	95
81	78	24	2	01
81	81	24	2	08
81	27	27	1	01
81	30	27	1	07
81	33	27	1	13
81	36	27	1	20
81	39	27	1	27
81	42	27	1	34
81	45	27	1	40
81	48	27	1	47
81	51	27	1	54
81	54	27	1	60
81	57	27	1	66
81	60	27	1	73
81	63	27	1	79
81	66	27	1	85
81	69	27	1	92
81	72	27	1	98
81	75	27	2	05
81	78	27	2	11
81	81	27	2	18
81	30	30	1	13

Long.	Larg.	Haut.	Mét.	Cent.
81	33	30	1	20
81	36	30	1	27
81	39	30	1	34
81	42	30	1	41
81	45	30	1	48
81	48	30	1	55
81	51	30	1	61
81	54	30	1	68
81	57	30	1	75
81	60	30	1	81
81	63	30	1	88
81	66	30	1	95
81	69	30	2	01
81	72	30	2	07
81	75	30	2	14
81	78	30	2	21
81	81	30	2	28
81	33	33	1	27
81	36	33	1	34
81	39	33	1	41
81	42	33	1	49
81	45	33	1	56
81	48	33	1	63
81	51	33	1	69
81	54	33	1	76
81	57	33	1	83
81	60	33	1	89
81	63	33	1	96
81	66	33	2	03
81	69	33	2	10
81	72	33	2	17
81	75	33	2	24
81	78	33	2	31
81	81	33	2	38
81	36	36	1	41
81	39	36	1	48
81	42	36	1	55
81	45	36	1	62
81	48	36	1	69
81	51	36	1	77

Long.	Larg.	Haut.	Mét.	Cent.
81	54	36	1	84
81	57	36	1	91
81	60	36	1	98
81	63	36	2	05
81	66	36	2	12
81	69	36	2	19
81	72	36	2	26
81	75	36	2	33
81	78	36	2	40
81	81	36	2	47
81	39	39	1	55
81	42	39	1	62
81	45	39	1	70
81	48	39	1	78
81	51	39	1	85
81	54	39	1	92
81	57	39	2	00
81	60	39	2	07
81	63	39	2	14
81	66	39	2	21
81	69	39	2	28
81	72	39	2	35
81	75	39	2	42
81	78	39	2	49
81	81	39	2	57
81	42	42	1	70
81	45	42	1	78
81	48	42	1	85
81	51	42	1	93
81	54	42	2	00
81	57	42	2	07
81	60	42	2	15
81	63	42	2	23
81	66	42	2	30
81	69	42	2	37
81	72	42	2	44
81	75	42	2	52
81	78	42	2	60
81	81	42	2	67

Long	Larg.	Haut.	Mét.	Cent.
81	45	45	1	85
81	48	45	1	93
81	51	45	2	01
81	54	45	2	09
81	57	45	2	16
81	60	45	2	23
81	63	45	2	31
81	66	45	2	38
81	69	45	2	46
81	72	45	2	54
81	75	45	2	61
81	78	45	2	69
81	81	45	2	77
81	48	48	2	01
81	51	48	2	08
81	54	48	2	16
81	57	48	2	24
81	60	48	2	32
81	63	48	2	39
81	66	48	2	47
81	69	48	2	55
81	72	48	2	62
81	75	48	2	70
81	78	48	2	78
81	81	48	2	86
81	51	51	2	16
81	54	51	2	24
81	57	51	2	32
81	60	51	2	41
81	63	51	2	48
81	66	51	2	56
81	69	51	2	64
81	72	51	2	72
81	75	51	2	80
81	78	51	2	88
81	81	51	2	96
81	54	54	2	32
81	57	54	2	40
81	60	54	2	48

Long.	Larg.	Haut.	Mèt.	Cent.	Long.	Larg.	Haut.	Mèt.	Cent.	Long.	Larg.	Haut.	Mèt.	Cent.
81	63	54	2	56	81	69	69	3	18	84	72	6	1	40
81	66	54	2	65	81	72	69	3	27	84	75	6	1	45
81	69	54	2	73	81	75	69	3	36	84	78	6	1	50
81	72	54	2	81	81	78	69	3	45	84	81	6	1	55
81	75	54	2	89	81	81	69	3	54	84	84	6	1	61
81	78	54	2	97										
81	81	54	3	06	81	72	72	3	36	84	9	9	0	31
					81	75	72	3	45	84	12	9	0	36
81	57	57	2	48	81	78	72	3	54	84	15	9	0	42
81	60	57	2	56	81	81	72	3	64	84	18	9	0	48
81	63	57	2	64						84	21	9	0	54
81	66	57	2	73	81	75	75	3	54	84	24	9	0	59
81	69	57	2	82	81	78	75	3	64	84	27	9	0	65
81	72	57	2	90	81	81	75	3	74	84	30	9	0	71
81	75	57	2	98						84	33	9	0	76
81	78	57	3	06	81	78	78	3	74	84	36	9	0	81
81	81	57	3	15	81	81	78	3	84	84	39	9	0	86
										84	42	9	0	91
81	60	60	2	64	81	81	81	3	93	84	45	9	0	96
81	63	60	2	73						84	48	9	1	02
81	66	60	2	82	84	6	6	0	20	84	51	9	1	08
81	69	60	2	91	84	9	6	0	25	84	54	9	1	14
81	72	60	3		84	12	6	0	31	84	57	9	1	20
81	75	60	3	08	84	15	6	0	37	84	60	9	1	26
81	78	60	3	16	84	18	6	0	42	84	63	9	1	32
81	81	60	3	25	84	21	6	0	48	84	66	9	1	38
					84	24	6	0	53	84	69	9	1	44
81	63	63	2	82	84	27	6	0	58	84	72	9	1	49
81	66	63	2	90	84	30	6	0	64	84	75	9	1	55
81	69	63	3		84	33	6	0	69	84	78	9	1	61
81	72	63	3	09	84	36	6	0	74	84	81	9	1	66
81	75	63	3	18	84	39	6	0	80	84	84	9	1	71
81	78	63	3	26	84	42	6	0	85					
81	81	63	3	35	84	45	6	0	90	84	12	12	0	42
					84	48	6	0	95	84	15	12	0	48
81	66	66	3		84	51	6	1	01	84	18	12	0	54
81	69	66	3	09	84	54	6	1	06	84	21	12	0	60
81	72	66	3	18	84	57	6	1	12	84	24	12	0	65
81	75	66	3	27	84	60	6	1	18	84	27	12	0	71
81	78	66	3	36	84	63	6	1	23	84	30	12	0	77
81	81	66	3	45	84	66	6	1	28	84	33	12	0	83
					84	69	6	1	34	84	36	12	0	89

Long.	Larg.	Haut.	Mèt.	Cent.
84	39	12	0	95
84	42	12	1	
84	45	12	1	06
84	48	12	1	12
84	51	12	1	18
84	54	12	1	24
84	57	12	1	29
84	60	12	1	35
84	63	12	1	41
84	66	12	1	47
84	69	12	1	52
84	72	12	1	58
84	75	12	1	64
84	78	12	1	70
84	81	12	1	76
84	84	12	1	82
84	15	15	0	54
84	18	15	0	60
84	21	15	0	66
84	24	15	0	72
84	27	15	0	78
54	30	15	0	84
84	33	15	0	90
84	36	15	0	96
84	39	15	1	02
84	42	15	1	08
84	45	15	1	14
84	48	15	1	20
84	51	15	1	26
84	54	15	1	32
84	57	15	1	38
84	60	15	1	44
84	63	15	1	50
84	66	15	1	55
84	69	15	1	61
84	72	15	1	67
84	75	15	1	73
84	78	15	1	79
84	81	15	1	85
84	84	15.	1	91

Long.	Larg.	Haut.	Mèt.	Cent.
84	18	18	0	65
84	21	18	0	72
84	24	18	0	73
84	27	18	0	84
84	30	18	0	90
84	33	18	0	97
84	36	18	1	03
84	39	18	1	09
84	42	18	1	15
84	45	18	1	21
84	48	18	1	27
84	51	18	1	34
84	54	18	1	40
84	57	18	1	46
84	60	18	1	52
84	63	18	1	58
84	66	18	1	64
84	69	18	1	70
84	72	18	1	76
84	75	18	1	82
84	78	18	1	88
84	81	18	1	94
84	84	18	2	01
84	21	21	0	78
84	24	21	0	85
84	27	21	0	92
84	30	21	0	98
84	33	21	1	04
84	36	21	1	10
84	39	21	1	16
84	42	21	1	22
84	45	21	1	28
84	48	21	1	34
84	51	21	1	41
84	54	21	1	48
84	57	21	1	56
84	60	21	1	62
84	63	21	1	68
84	66	21	1	74
84	69	21	1	80
84	72	21	1	86

Long.	Larg.	Haut.	Mèt.	Cent.
84	75	21	1	92
84	78	21	1	98
84	81	21	2	04
84	84	21	2	11
84	24	24	0	92
84	27	24	0	98
84	30	24	1	04
84	33	24	1	10
84	36	24	1	17
84	39	24	1	24
84	42	24	1	31
84	45	24	1	38
84	48	24	1	45
84	51	24	1	52
84	54	24	1	58
84	57	24	1	64
84	60	24	1	70
84	63	24	1	76
84	66	24	1	82
84	69	24	1	88
84	72	24	1	95
84	75	24	2	02
84	78	24	2	08
84	81	24	2	14
84	84	24	2	21
84	27	27	1	04
84	30	27	1	10
84	33	27	1	17
84	36	27	1	24
84	39	27	1	31
84	42	27	1	38
84	45	27	1	46
84	48	27	1	52
84	51	27	1	58
84	54	27	1	64
84	57	27	1	70
84	60	27	1	77
84	63	27	1	84
84	66	27	1	91
84	69	27	1	98

Long.	Larg.	Haut.	Mèt.	Cent.
84	72	27	2	05
84	75	27	2	12
84	78	27	2	18
84	81	27	2	24
84	84	27	2	31
84	30	30	1	17
84	33	30	1	24
84	36	30	1	31
84	39	30	1	38
84	42	30	1	45
84	45	30	1	52
84	48	30	1	59
84	51	30	1	66
84	54	30	1	73
84	57	30	1	80
84	60	30	1	87
84	63	30	1	94
84	66	30	2	
84	69	30	2	07
84	72	30	2	14
84	75	30	2	21
84	78	30	2	28
84	81	30	2	35
84	84	30	2	41
84	33	33	1	31
84	36	33	1	38
84	39	33	1	45
84	42	33	1	52
84	45	33	1	59
84	48	33	1	66
84	51	33	1	74
84	54	33	1	81
84	57	33	1	88
84	60	33	1	95
84	63	33	2	02
84	66	33	2	09
84	69	33	2	17
84	72	33	2	24
84	75	33	2	31
84	78	33	2	38

Long.	Larg.	Haut.	Mèt.	Cent.
84	81	33	2	45
84	84	33	2	52
84	36	36	1	45
84	39	36	1	52
84	42	36	1	59
84	45	36	1	66
84	48	36	1	74
84	51	36	1	82
84	54	36	1	90
84	57	36	1	97
84	60	36	2	05
84	63	36	2	13
84	66	36	2	19
84	69	36	2	26
84	72	36	2	33
84	75	36	2	40
84	78	36	2	47
84	81	36	2	54
84	84	36	2	62
84	39	39	1	59
84	42	39	1	66
84	45	39	1	73
84	48	39	1	80
84	51	39	1	88
84	54	39	1	96
84	57	39	2	05
84	60	39	2	13
84	63	39	2	21
84	66	39	2	28
84	69	39	2	35
84	72	39	2	42
84	75	39	2	49
84	78	39	2	57
84	81	39	2	65
84	84	39	2	72
84	42	42	1	73
84	45	42	1	81
84	48	42	1	89
84	51	42	1	97

Long.	Larg.	Haut.	Mèt.	Cent.
84	54	42	2	05
84	57	42	2	13
84	60	42	2	21
84	63	42	2	29
84	66	42	2	37
84	69	42	2	45
84	72	42	2	53
84	75	42	2	60
84	78	42	2	68
84	81	42	2	76
84	84	42	2	82
84	45	45	1	89
84	48	45	1	97
84	51	45	2	05
84	54	45	2	13
84	57	45	2	22
84	60	45	2	30
84	63	45	2	38
84	66	45	2	46
84	69	45	2	54
84	72	45	2	62
84	75	45	2	70
84	78	45	2	76
84	81	45	2	84
84	84	45	2	92
84	48	48	2	05
84	51	48	2	12
84	54	48	2	20
84	57	48	2	29
84	60	48	2	37
84	63	48	2	45
84	66	48	2	54
84	69	48	2	62
84	72	48	2	70
84	75	48	2	78
84	78	48	2	86
84	81	48	2	94
84	84	48	3	02
84	51	51	2	20

Long.	Larg.	Haut.	Mét.	Cent.
84	54	51	2	28
84	57	51	2	36
84	60	51	2	45
84	63	51	2	54
84	66	51	2	63
84	69	51	2	72
84	72	51	2	80
84	75	51	2	88
84	78	51	2	96
84	81	51	3	04
84	84	51	3	12
84	54	54	2	36
84	57	54	2	45
84	60	54	2	54
84	63	54	2	63
84	66	54	2	72
84	69	54	2	81
84	72	54	2	90
84	75	54	2	98
84	78	54	3	06
84	81	54	3	14
84	84	54	3	22
84	57	57	2	54
84	60	57	2	63
84	63	57	2	72
84	66	57	2	80
84	69	57	2	89
84	72	57	2	98
84	75	57	3	07
84	78	57	3	16
84	81	57	3	24
84	84	57	3	32
84	60	60	2	72
84	63	60	2	81
84	66	60	2	90
84	69	60	2	99
84	72	60	3	08
84	75	60	3	16
84	78	60	3	24

Long.	Larg.	Haut.	Mét.	Cent.
84	81	60	3	30
84	84	60	3	37
84	63	63	2	90
84	66	63	2	99
84	69	63	3	08
84	72	63	3	17
84	75	63	3	26
84	78	63	3	35
84	81	63	3	43
84	84	63	3	52
84	66	66	3	08
84	69	66	3	17
84	72	66	3	26
84	75	66	3	35
84	78	66	3	44
84	81	66	3	53
84	84	66	3	62
84	69	69	3	26
84	72	69	3	35
84	75	69	3	44
84	78	69	3	53
84	81	69	3	63
84	84	69	3	73
84	72	72	3	44
84	75	72	3	53
84	78	72	3	63
84	81	72	3	73
84	84	72	3	83
84	75	75	3	63
84	78	75	3	73
84	81	75	3	83
84	84	75	3	93
84	78	78	3	83
84	81	78	3	93
84	84	78	4	03

Long.	Larg.	Haut.	Mét.	Cent.
84	81	81	4	03
84	84	81	4	13
84	84	84	4	23
87	6	6	0	21
87	9	6	0	26
87	12	6	0	32
87	15	6	0	38
87	18	6	0	43
87	21	6	0	48
87	24	6	0	54
87	27	6	0	60
87	30	6	0	66
87	33	6	0	72
87	36	6	0	78
87	39	6	0	83
87	42	6	0	88
87	45	6	0	93
87	48	6	0	98
87	51	6	1	04
87	54	6	1	10
87	57	6	1	16
87	60	6	1	22
87	63	6	1	28
87	66	6	1	33
87	69	6	1	38
87	72	6	1	43
87	75	6	1	48
87	78	6	1	54
87	81	6	1	60
87	84	6	1	66
87	87	6	1	72
87	9	9	0	32
87	12	9	0	37
87	15	9	0	43
87	18	9	0	49
87	21	9	0	55
87	24	9	0	61
87	27	9	0	66
87	30	9	0	72

Long.	Larg.	Haut.	Mét.	Cent.	Long.	Larg.	Haut.	Mét.	Cent.	Long.	Larg.	Haut.	Mét.	Cent.
87	33	9	0	78	87	78	12	1	75	87	51	18	1	38
87	36	9	0	84	87	81	12	1	81	87	54	18	1	44
87	39	9	0	90	87	84	12	1	87	87	57	18	1	50
87	42	9	0	96	87	87	12	1	93	87	60	18	1	56
87	45	9	1	02						87	63	18	1	62
87	48	9	1	07	87	15	15	0	55	87	66	18	1	69
87	51	9	1	13	87	18	15	0	61	87	69	18	1	76
87	54	9	1	19	87	21	15	0	68	87	72	18	1	82
87	57	9	1	25	87	24	15	0	75	87	75	18	1	88
87	60	9	1	30	87	27	15	0	81	87	78	18	1	94
87	63	9	1	36	87	30	15	0	87	87	81	18	2	00
87	66	9	1	41	87	33	15	0	93	87	84	18	2	07
87	69	9	1	46	87	36	15	1	00	87	87	18	2	14
87	72	9	1	52	87	39	15	1	06					
87	75	9	1	58	87	42	15	1	12	87	21	21	0	80
87	78	9	1	64	87	45	15	1	18	87	24	21	0	87
87	81	9	1	70	87	48	15	1	24	87	27	21	0	94
87	84	9	1	76	87	51	15	1	30	87	30	21	1	00
87	87	9	1	82	87	54	15	1	36	87	33	21	1	07
					87	57	15	1	42	87	36	21	1	14
87	12	12	0	43	87	60	15	1	48	87	39	21	1	21
87	15	12	0	49	87	63	15	1	54	87	42	21	1	28
87	18	12	0	55	87	66	15	1	60	87	45	21	1	34
87	21	12	0	61	87	69	15	1	66	87	48	21	1	40
87	24	12	0	67	87	72	15	1	72	87	51	21	1	46
87	27	12	0	73	87	75	15	1	78	87	54	21	1	52
87	30	12	0	80	87	78	15	1	84	87	57	21	1	59
87	33	12	0	86	87	81	15	1	90	87	60	21	1	66
87	36	12	0	92	87	84	15	1	96	87	63	21	1	72
87	39	12	0	98	87	87	15	2	03	87	66	21	1	79
87	42	12	1	04						87	69	21	1	86
87	45	12	1	10	87	18	18	0	68	87	72	21	1	93
87	48	12	1	16	87	21	18	0	74	87	75	21	2	00
87	51	12	1	22	87	24	18	0	80	87	78	21	2	06
87	54	12	1	28	87	27	18	0	86	87	81	21	2	12
87	57	12	1	34	87	30	18	0	92	87	84	21	2	18
87	60	12	1	39	87	33	18	0	98	87	87	21	2	24
87	63	12	1	45	87	36	18	1	04					
87	66	12	1	51	87	39	18	1	10	87	24	24	0	94
87	69	12	1	57	87	42	18	1	16	87	27	24	1	00
87	72	12	1	63	87	45	18	1	23	87	30	24	1	07
87	75	12	1	69	87	48	18	1	30	87	33	24	1	14

Long.	Larg.	Haut.	Mèt.	Cent.
87	36	24	1	21
87	39	24	1	28
87	42	24	1	35
87	45	24	1	42
87	48	24	1	49
87	51	24	1	56
87	54	24	1	63
87	57	24	1	70
87	60	24	1	76
87	63	24	1	82
87	66	24	1	88
87	69	24	1	95
87	72	24	2	02
87	75	24	2	09
87	78	24	2	16
87	81	24	2	22
87	84	24	2	28
87	87	24	2	35
87	27	27	1	07
87	30	27	1	14
87	33	27	1	21
87	36	27	1	28
87	39	27	1	35
87	42	27	1	42
87	45	27	1	49
87	48	27	1	56
87	51	27	1	63
87	54	27	1	70
87	57	27	1	76
87	60	27	1	83
87	63	27	1	90
87	66	27	1	97
87	69	27	2	04
87	72	27	2	11
87	75	27	2	18
87	78	27	2	25
87	81	27	2	32
87	84	27	2	38
87	87	27	2	45
87	30	30	1	21

Long.	Larg.	Haut.	Mèt.	Cent.
87	33	30	1	28
87	36	30	1	35
87	39	30	1	42
87	42	30	1	49
87	45	30	1	56
87	48	30	1	64
87	51	30	1	71
87	54	30	1	78
87	57	30	1	85
87	60	30	1	92
87	63	30	1	99
87	66	30	2	06
87	69	30	2	13
87	72	30	2	20
87	75	30	2	27
87	78	30	2	34
87	81	30	2	41
87	84	30	2	48
87	87	30	2	55
87	33	33	1	35
87	36	33	1	42
87	39	33	1	49
87	42	33	1	56
87	45	33	1	64
87	48	33	1	72
87	51	33	1	79
87	54	33	1	86
87	57	33	1	94
87	60	33	2	01
87	63	33	2	08
87	66	33	2	16
87	69	33	2	23
87	72	33	2	30
87	75	33	2	37
87	78	33	2	44
87	81	33	2	51
87	84	33	2	58
87	87	33	2	66
87	36	36	1	49
87	39	36	1	56

Long.	Larg.	Haut.	Mèt.	Cent.
87	42	36	1	64
87	45	36	1	72
87	48	36	1	80
87	51	36	1	88
87	54	36	1	96
87	57	36	2	03
87	60	36	2	10
87	63	36	2	17
87	66	36	2	24
87	69	36	2	31
87	72	36	2	39
87	75	36	2	46
87	78	36	2	53
87	81	36	2	60
87	84	36	2	68
87	87	36	2	76
87	39	39	1	64
87	42	39	1	71
87	45	39	1	79
87	48	39	1	87
87	51	39	1	95
87	54	39	2	04
87	57	39	2	12
87	60	39	2	20
87	63	39	2	28
87	66	39	2	35
87	69	39	2	42
87	72	39	2	49
87	75	39	2	56
87	78	39	2	63
87	81	39	2	71
87	84	39	2	79
87	87	39	2	87
87	42	42	1	79
87	45	42	1	87
87	48	42	1	95
87	51	42	2	04
87	54	42	2	12
87	57	42	2	20
87	60	42	2	27

Long.	Larg.	Haut.	Mêt.	Cent.	Long.	Larg.	Haut.	Mêt.	Cent.	Long.	Larg.	Haut.	Mêt.	Cent.
87	63	42	2	35	87	54	51	2	36	87	72	60	3	15
87	66	42	2	43	87	57	51	2	45	87	75	60	3	25
87	69	42	2	50	87	60	51	2	53	87	78	60	3	34
87	72	42	2	58	87	63	51	2	62	87	81	60	3	43
87	75	42	2	66	87	66	51	2	70	87	84	60	3	51
87	78	42	2	74	87	69	51	2	78	87	87	60	3	60
87	81	42	2	81	87	72	51	2	86					
87	84	42	2	89	87	75	51	2	95					
87	87	42	2	97	87	78	51	3	03	87	63	63	2	97
					87	81	51	3	11	87	66	63	3	06
87	45	45	1	95	87	84	51	3	19	87	69	63	3	15
87	48	45	2	03	87	87	51	3	28	87	72	63	3	24
87	51	45	2	10						87	75	63	3	34
87	54	45	2	18	87	54	54	2	45	87	78	63	3	43
87	57	45	2	27	87	57	54	2	53	87	81	63	3	52
87	60	45	2	36	87	60	54	2	62	87	84	63	3	61
87	63	45	2	44	87	63	54	2	71	87	87	63	3	70
87	66	45	2	52	87	66	54	2	81					
87	69	45	2	60	87	69	54	2	88	87	66	66	3	15
87	72	45	2	68	87	72	54	2	97	87	69	66	3	24
87	75	45	2	76	87	75	54	3	05	87	72	66	3	35
87	78	45	2	84	87	78	54	3	13	87	75	66	3	44
87	81	45	2	92	87	81	54	3	21	87	78	66	3	53
87	84	45	3		87	84	54	3	30	87	81	66	3	62
87	87	45	3	08	87	87	54	3	39	87	84	66	3	71
										87	87	66	3	81
87	48	48	2	10	87	57	57	2	62					
87	51	48	2	18	87	60	57	2	70	87	69	69	3	35
87	54	48	2	27	87	63	57	2	79	87	72	69	3	44
87	57	48	2	36	87	66	57	2	88	87	75	69	3	53
87	60	48	2	45	87	69	57	2	97	87	78	69	3	62
87	63	48	2	53	87	72	57	3	06	87	81	69	3	71
87	66	48	2	62	87	75	57	3	15	87	84	69	3	81
87	69	48	2	70	87	78	57	3	24	87	87	69	3	91
87	72	48	2	78	87	81	57	3	33					
87	75	48	2	86	87	84	57	3	41	87	72	72	3	53
87	78	48	2	92	87	87	57	3	49	87	75	72	3	62
87	81	48	3							87	78	72	3	72
87	84	48	3	09	87	60	60	2	79	87	81	72	3	82
87	87	48	3	18	87	63	60	2	88	87	84	72	3	92
					87	66	60	2	97	87	87	72	4	02
87	51	51	2	27	87	69	60	3	06	87	75	75	3	72

Long.	Larg.	Haut.	Mèt.	Cent.
87	78	75	3	82
87	81	75	3	92
87	84	75	4	02
87	87	75	4	12
87	78	78	3	92
87	81	78	4	02
87	84	78	4	12
87	87	78	4	22
87	81	81	4	12
87	84	81	4	22
87	87	81	4	33
87	84	84	4	33
87	87	84	4	43
87	87	87	4	54
90	6	6	0	22
90	9	6	0	27
90	12	6	0	33
90	15	6	0	39
90	18	6	0	45
90	21	6	0	51
90	24	6	0	56
90	27	6	0	62
90	30	6	0	68
90	33	6	0	74
90	36	6	0	80
90	39	6	0	86
90	42	6	0	91
90	45	6	0	97
90	48	6	1	03
90	51	6	1	09
90	54	6	1	15
90	57	6	1	22
90	60	6	1	28
90	63	6	1	33
90	66	6	1	38
90	69	6	1	43

Long.	Larg.	Haut.	Mèt.	Cent.
90	72	6	1	49
90	75	6	1	54
90	78	6	1	60
90	81	6	1	66
90	84	6	1	72
90	87	6	1	77
90	90	6	1	83
90	9	9	0	33
90	12	9	0	38
90	15	9	0	44
90	18	9	0	50
90	21	9	0	57
90	24	9	0	63
90	27	9	0	69
90	30	9	0	75
90	33	9	0	81
90	36	9	0	87
90	39	9	0	93
90	42	9	0	99
90	45	9	1	05
90	48	9	1	11
90	51	9	1	17
90	54	9	1	23
90	57	9	1	29
90	60	9	1	35
90	63	9	1	41
90	66	9	1	47
90	69	9	1	53
90	72	9	1	59
90	75	9	1	65
90	78	9	1	71
90	81	9	1	77
90	84	9	1	83
90	87	9	1	88
90	90	9	1	94
90	12	12	0	44
90	15	12	0	50
90	18	12	0	56
90	21	12	0	63
90	24	12	0	70

Long.	Larg.	Haut.	Mèt.	Cent.
90	27	12	0	76
90	30	12	0	82
90	33	12	0	88
90	36	12	0	95
90	39	12	1	01
90	42	12	1	07
90	45	12	1	13
90	48	12	1	19
90	51	12	1	25
90	54	12	1	31
90	57	12	1	37
90	60	12	1	44
90	63	12	1	50
90	66	12	1	56
90	69	12	1	62
90	72	12	1	68
90	75	12	1	74
90	78	12	1	80
90	81	12	1	86
90	84	12	1	92
90	87	12	1	98
90	90	12	2	05
90	15	15	0	56
90	18	15	0	63
90	21	15	0	70
90	24	15	0	76
90	27	15	0	83
90	30	15	0	90
90	33	15	0	96
90	36	15	1	02
90	39	15	1	08
90	42	15	1	14
90	45	15	1	21
90	48	15	1	27
90	51	15	1	33
90	54	15	1	39
90	57	15	1	45
90	60	15	1	52
90	63	15	1	59
90	66	15	1	65

Long.	Larg.	Haut.	Mèt.	Cent.
90	69	15	1	71
90	72	15	1	77
90	75	15	1	83
90	78	15	1	90
90	81	15	1	96
90	84	15	2	02
90	87	15	2	09
90	90	15	2	16
90	18	18	0	70
90	21	18	0	77
90	24	18	0	84
90	27	18	0	91
90	30	18	0	97
90	33	18	1	03
90	36	18	1	10
90	39	18	1	16
90	42	18	1	22
90	45	18	1	28
90	48	18	1	35
90	51	18	1	42
90	54	18	1	48
90	57	18	1	55
90	60	18	1	62
90	63	18	1	68
90	66	18	1	74
90	69	18	1	80
90	72	18	1	87
90	75	18	1	93
90	78	18	2	00
90	81	18	2	06
90	84	18	2	12
90	87	18	2	19
90	90	18	2	26
90	21	21	0	84
90	24	21	0	90
90	27	21	0	96
90	30	21	1	03
90	33	21	1	10
90	36	21	1	17
90	39	21	1	23

Long.	Larg.	Haut.	Mèt.	Cent.
90	42	21	1	30
90	45	21	1	36
90	48	21	1	42
90	51	21	1	49
90	54	21	1	57
90	57	21	1	64
90	60	21	1	71
90	63	21	1	78
90	66	21	1	84
90	69	21	1	90
90	72	21	1	97
90	75	21	2	04
90	78	21	2	10
90	81	21	2	17
90	84	21	2	23
90	87	21	2	30
90	90	21	2	37
90	24	24	0	96
90	27	24	1	03
90	30	24	1	10
90	33	24	1	17
90	36	24	1	25
90	39	24	1	32
90	42	24	1	38
90	45	24	1	45
90	48	24	1	52
90	51	24	1	59
90	54	24	1	66
90	57	24	1	72
90	60	24	1	79
90	63	24	1	85
90	66	24	1	92
90	69	24	1	99
90	72	24	2	07
90	75	24	2	15
90	78	24	2	23
90	81	24	2	29
90	84	24	2	35
90	87	24	2	41
90	90	24	2	48

Long.	Larg.	Haut.	Mèt.	Cent.
90	27	27	1	10
90	30	27	1	17
90	33	27	1	24
90	36	27	1	31
90	39	27	1	38
90	42	27	1	46
90	45	27	1	53
90	48	27	1	60
90	51	27	1	67
90	54	27	1	74
90	57	27	1	82
90	60	27	1	89
90	63	27	1	96
90	66	27	2	03
90	69	27	2	10
90	72	27	2	17
90	75	27	2	24
90	78	27	2	31
90	81	27	2	38
90	84	27	2	45
90	87	27	2	52
90	90	27	2	59
90	30	30	1	24
90	33	30	1	32
90	36	30	1	39
90	39	30	1	46
90	42	30	1	54
90	45	30	1	61
90	48	30	1	68
90	51	30	1	76
90	54	30	1	83
90	57	30	1	90
90	60	30	1	97
90	63	30	2	04
90	66	30	2	11
90	69	30	2	18
90	72	30	2	26
90	75	30	2	33
90	78	30	2	40
90	81	30	2	47
90	84	30	2	55

Long.	Larg.	Haut.	Mét.	Cent.
90	87	30	2	62
90	90	30	2	70
90	33	33	1	39
90	36	33	1	46
90	39	33	1	53
90	42	33	1	62
90	45	33	1	70
90	48	33	1	77
90	51	33	1	84
90	54	33	1	91
90	57	33	1	98
90	60	33	2	06
90	63	33	2	14
90	66	33	2	21
90	69	33	2	28
90	72	33	2	35
90	75	33	2	43
90	78	33	2	51
90	81	33	2	59
90	84	33	2	66
90	87	33	2	73
90	90	33	2	80
90	36	36	1	53
90	39	36	1	61
90	42	36	1	68
90	45	36	1	76
90	48	36	1	85
90	51	36	1	93
90	54	36	2	00
90	57	36	2	08
90	60	36	2	15
90	63	36	2	23
90	66	36	2	31
90	69	36	2	39
90	72	36	2	47
90	75	36	2	54
90	78	36	2	61
90	81	36	2	69
90	84	36	2	77
90	87	36	2	84

Long.	Larg.	Haut.	Mét.	Cent.
90	90	36	2	91
90	39	39	1	68
90	42	39	1	76
90	45	39	1	83
90	48	39	1	92
90	51	39	2	01
90	54	39	2	08
90	57	39	2	16
90	60	39	2	24
90	63	39	2	32
90	66	39	2	40
90	69	39	2	48
90	72	39	2	56
90	75	39	2	63
90	78	39	2	71
90	81	39	2	79
90	84	39	2	87
90	87	39	2	94
90	90	39	3	02
90	42	42	1	83
90	45	42	1	91
90	48	42	2	00
90	51	42	2	08
90	54	42	2	17
90	57	42	2	26
90	60	42	2	34
90	63	42	2	42
90	66	42	2	50
90	69	42	2	58
90	72	42	2	65
90	75	42	2	73
90	78	42	2	81
90	81	42	2	89
90	84	42	2	97
90	87	42	3	05
90	90	42	3	13
90	45	42	2	
90	48	42	2	09
90	51	42	2	18

Long.	Larg.	Haut.	Mét.	Cent.
90	54	45	2	27
90	57	45	2	35
90	60	45	2	43
90	63	45	2	52
90	66	45	2	60
90	69	45	2	68
90	72	45	2	76
90	75	45	2	83
90	78	45	2	91
90	81	45	2	99
90	84	45	3	07
90	87	45	3	15
90	90	45	3	24
90	48	48	2	18
90	51	48	2	26
90	54	48	2	34
90	57	48	2	43
90	60	48	2	52
90	63	48	2	60
90	66	48	2	68
90	69	48	2	76
90	72	48	2	84
90	75	48	2	93
90	78	48	3	03
90	81	48	3	13
90	84	48	3	23
90	87	48	3	33
90	90	48	3	44
90	51	51	2	34
90	54	51	2	42
90	57	51	2	50
90	60	51	2	58
90	63	51	2	67
90	66	51	2	76
90	69	51	2	85
90	72	51	2	94
90	75	51	3	02
90	78	51	3	11
90	81	51	3	20
90	84	51	3	28

Long.	Larg.	Haut.	Mèt.	Cent.
90	87	51	3	36
90	90	51	3	45
90	54	54	2	50
90	57	54	2	59
90	60	54	2	68
90	63	54	2	77
90	66	54	2	86
90	69	54	2	95
90	72	54	3	04
90	75	54	3	13
90	78	54	3	22
90	81	54	3	31
90	84	54	3	38
90	87	54	3	47
90	90	54	3	56
90	57	57	2	68
90	60	57	2	77
90	63	57	2	86
90	66	57	2	95
90	69	57	3	04
90	72	57	3	14
90	75	57	3	23
90	78	57	3	32
90	81	57	3	41
90	84	57	3	50
90	87	57	3	58
90	90	57	3	67
90	60	60	2	86
90	63	60	2	95
90	66	60	3	04
90	69	60	3	13
90	72	60	3	23
90	75	60	3	33
90	78	60	3	42
90	81	60	3	51
90	84	60	3	60
90	87	60	3	69
90	90	60	3	78

Long.	Larg.	Haut.	Mèt.	Cent.
90	63	63	3	04
90	66	63	3	13
90	69	63	3	22
90	72	63	3	32
90	75	63	3	42
90	78	63	3	51
90	81	63	3	60
90	84	63	3	69
90	87	63	3	78
90	90	63	3	88
90	66	66	3	22
90	69	66	3	32
90	72	66	3	42
90	75	66	3	52
90	78	66	3	62
90	81	66	3	71
90	84	66	3	80
90	87	66	3	89
90	90	66	3	99
90	69	69	3	42
90	72	69	3	51
90	75	69	3	61
90	78	69	3	71
90	81	69	3	81
90	84	69	3	90
90	87	69	4	00
90	90	69	4	10
90	72	72	3	61
90	75	72	3	71
90	78	72	3	81
90	81	72	3	91
90	84	72	4	01
90	87	72	4	11
90	90	72	4	21
90	75	75	3	81
90	78	75	3	91
90	81	75	4	01
90	84	75	4	11

Long.	Larg.	Haut.	Mèt.	Cent.
90	87	75	4	21
90	90	75	4	32
90	78	78	4	01
90	81	78	4	11
90	84	78	4	21
90	87	78	4	31
90	90	78	4	42
90	81	81	4	21
90	84	81	4	31
90	87	81	4	42
90	90	81	4	53
90	84	84	4	42
90	87	84	4	53
90	90	84	4	64
90	87	87	4	64
90	90	87	4	75
90	90	90	4	86
93	6	6	0	23
93	9	6	0	28
93	12	6	0	34
93	15	6	0	40
93	18	6	0	46
93	21	6	0	52
93	24	6	0	58
93	27	6	0	64
93	30	6	0	70
93	33	6	0	76
93	36	6	0	82
93	39	6	0	88
93	42	6	0	94
93	45	6	1	00
93	48	6	1	06
93	51	6	1	12
93	54	6	1	18
93	57	6	1	24
93	60	6	1	30

Long.	Larg.	Haut.	Mèt.	Cent.	Long.	Larg.	Haut.	Mèt.	Cent.	Long.	Larg.	Haut.	Mèt.	Cent.
93	63	6	1	36	93	12	12	0	46	93	54	15	1	44
93	66	6	1	42	93	15	12	0	52	93	57	15	1	50
93	69	6	1	48	93	18	12	0	59	93	60	15	1	57
93	72	6	1	54	93	21	12	0	65	93	63	15	1	64
93	75	6	1	59	93	24	12	0	71	93	66	15	1	70
93	78	6	1	65	93	27	12	0	78	93	69	15	1	76
93	81	6	1	71	93	30	12	0	85	93	72	15	1	82
93	84	6	1	77	93	33	12	0	91	93	75	15	1	89
93	87	6	1	83	93	36	12	0	98	93	78	15	1	96
93	90	6	1	89	93	39	12	1	04	93	81	15	2	02
93	93	6	1	95	93	42	12	1	10	93	84	15	2	08
					93	45	12	1	17	93	87	15	2	14
93	9	9	0	34	93	48	12	1	23	93	90	15	2	21
93	12	9	0	40	93	51	12	1	29	93	93	15	2	28
93	15	9	0	46	93	54	12	1	35					
93	18	9	0	52	93	57	12	1	42					
93	21	9	0	59	93	60	12	1	48	93	18	18	0	72
93	24	9	0	65	93	63	12	1	54	93	21	18	0	79
93	27	9	0	71	93	66	12	1	60	93	24	18	0	86
93	30	9	0	77	93	69	12	1	67	93	27	18	0	93
93	33	9	0	83	93	72	12	1	73	93	30	18	1	00
93	36	9	0	89	93	75	12	1	79	93	33	18	1	07
93	39	9	0	95	93	78	12	1	86	93	36	18	1	13
93	42	9	1	02	93	81	12	1	92	93	39	18	1	20
93	45	9	1	08	93	84	12	1	98	93	42	18	1	27
93	48	9	1	14	93	87	12	2	04	93	45	18	1	34
93	51	9	1	20	93	90	12	2	10	93	48	18	1	41
93	54	9	1	26	93	93	12	2	17	93	51	18	1	47
93	57	9	1	32						93	54	18	1	53
93	60	9	1	39	93	15	15	0	59	93	57	18	1	60
93	63	9	1	45	93	18	15	0	66	93	60	18	1	66
93	66	9	1	51	93	21	15	0	72	93	63	18	1	72
93	69	9	1	57	93	24	15	0	78	93	66	18	1	79
93	72	9	1	63	93	27	15	0	85	93	69	18	1	86
93	75	9	1	69	93	30	15	0	92	93	72	18	1	93
93	78	9	1	75	93	33	15	0	99	93	75	18	1	99
93	81	9	1	81	93	36	15	1	06	93	78	18	2	06
93	84	9	1	87	93	39	15	1	12	93	81	18	2	12
93	87	9	1	93	93	42	15	1	19	93	84	18	2	19
93	90	9	1	99	93	45	15	1	25	93	87	18	2	26
93	93	9	2	06	93	48	15	1	31	93	90	18	2	33
					93	51	15	1	38	93	63	18	2	40

Long.	Larg.	Haut.	Mét.	Cent.	Long.	Larg.	Haut.	Mét.	Cent.	Long.	Larg.	Haut.	Mét.	Cent.
93	21	21	0	86	93	72	24	2	13	93	57	30	1	96
93	24	21	0	93	93	75	24	2	20	93	60	30	2	03
93	27	21	1		93	78	24	2	27	93	63	30	2	10
93	30	21	1	07	93	81	24	2	34	93	66	30	2	17
93	33	21	1	14	93	84	24	2	41	93	69	30	2	24
93	36	21	1	21	93	87	24	2	48	93	72	30	2	32
93	39	21	1	28	93	90	24	2	55	93	75	30	2	40
93	42	21	1	35	93	93	24	2	62	93	78	30	2	47
93	45	21	1	42						93	81	30	2	54
93	48	21	1	48	93	27	27	1	14	93	84	30	2	62
93	51	21	1	55	93	30	27	1	21	93	87	30	2	69
93	54	21	1	62	93	33	27	1	28	93	90	30	2	76
93	57	21	1	69	93	36	27	1	35	93	93	30	2	84
93	60	21	1	76	93	39	27	1	43					
93	63	21	1	83	93	42	27	1	51	93	33	33	1	43
93	66	21	1	90	93	45	27	1	58	93	36	33	1	50
93	69	21	1	96	93	48	27	1	65	93	39	33	1	57
93	72	21	2	03	93	51	27	1	72	93	42	33	1	65
93	75	21	2	10	93	54	27	1	79	93	45	33	1	73
93	78	21	2	17	93	57	27	1	86	93	48	33	1	80
93	81	21	2	24	93	60	27	1	93	93	51	33	1	88
93	84	21	2	30	93	63	27	2	00	93	54	33	1	96
93	87	21	2	37	93	66	27	2	08	93	57	33	2	04
93	90	21	2	44	93	69	27	2	16	93	60	33	2	12
93	93	21	2	51	93	72	27	2	23	93	63	33	2	20
					93	75	27	2	30	93	66	33	2	27
93	24	24	1	00	93	78	27	2	37	93	69	33	2	34
93	27	24	1	07	93	81	27	2	44	93	72	33	2	42
93	30	24	1	14	93	84	27	2	51	93	75	33	2	50
93	33	24	1	21	93	87	27	2	58	93	78	33	2	57
93	36	24	1	28	93	90	27	2	65	93	81	33	2	64
93	39	24	1	35	93	93	27	2	73	93	84	33	2	72
93	42	24	1	42						93	87	33	2	80
93	45	24	1	50	93	30	30	1	28	93	90	33	2	87
93	48	24	1	58	93	33	30	1	35	93	93	33	2	95
93	51	24	1	65	93	36	30	1	43					
93	54	24	1	72	93	39	30	1	50	93	36	36	1	57
93	57	24	1	79	93	42	30	1	58	93	39	36	1	65
93	60	24	1	86	93	45	30	1	66	93	42	36	1	73
93	63	24	1	93	93	48	30	1	74	93	45	36	1	81
93	66	24	2	00	93	51	30	1	81	93	48	36	1	89
93	69	24	2	06	93	54	30	1	89	93	51	36	1	97

Long.	Larg.	Haut.	Mèt.	Cent.
93	54	36	2	05
93	57	36	2	13
93	60	36	2	21
93	63	36	2	29
93	66	36	2	37
93	69	36	2	45
93	72	36	2	53
93	75	36	2	60
93	78	36	2	68
93	81	36	2	76
93	84	36	2	84
93	87	36	2	92
93	90	36	3	
93	93	36	3	07
93	39	39	1	73
93	42	39	1	81
93	45	39	1	89
93	48	39	1	98
93	51	39	2	07
93	54	39	2	15
93	57	39	2	23
93	60	39	2	31
93	63	39	2	39
93	66	39	2	47
93	69	39	2	55
93	72	39	2	62
93	75	39	2	70
93	78	39	2	78
93	81	39	2	86
93	84	39	2	94
93	87	39	3	02
93	90	39	3	10
93	93	39	3	18
93	42	42	1	89
93	45	42	1	97
93	48	42	2	05
93	51	42	2	13
93	54	42	2	21
93	57	42	2	29
93	60	42	2	38

Long.	Larg.	Haut.	Mèt.	Cent.
93	63	42	2	47
93	66	42	2	56
93	69	42	2	64
93	72	42	2	72
93	75	42	2	80
93	78	42	2	88
93	81	42	2	96
93	84	42	3	04
93	87	42	3	12
93	90	42	3	20
93	93	42	3	29
93	45	45	2	05
93	48	45	2	13
93	51	45	2	21
93	54	45	2	29
93	57	45	2	38
93	60	45	2	47
93	63	45	2	56
93	66	45	2	65
93	69	45	2	73
93	72	45	2	82
93	75	45	2	90
93	78	45	2	99
93	81	45	3	08
93	84	45	3	16
93	87	45	3	24
93	90	45	3	32
93	93	45	3	40
93	48	48	2	21
93	51	48	2	30
93	54	48	2	39
93	57	48	2	48
93	60	48	2	57
93	63	48	2	67
93	66	48	2	76
93	69	48	2	85
93	72	48	2	93
93	75	48	3	01
93	78	48	3	09
93	81	48	3	17

Long.	Larg.	Haut.	Mèt.	Cent.
93	84	48	3	25
93	87	48	3	34
93	90	48	3	42
93	93	48	3	51
93	51	51	2	39
93	54	51	2	48
93	57	51	2	57
93	60	51	2	66
93	63	51	2	75
93	66	51	2	84
93	69	51	2	93
93	72	51	3	02
93	75	51	3	11
93	78	51	3	20
93	81	51	3	29
93	84	51	3	38
93	87	51	3	46
93	90	51	3	54
93	93	51	3	62
93	54	54	2	57
93	57	54	2	66
93	60	54	2	75
93	63	54	2	84
93	66	54	2	93
93	69	54	3	02
93	72	54	3	11
93	75	54	3	21
93	78	54	3	30
93	81	54	3	39
93	84	54	3	48
93	87	54	3	57
93	90	54	3	65
93	93	54	3	73
93	57	57	2	75
93	60	57	2	84
93	63	57	2	93
93	66	57	3	03
93	69	57	3	13
93	72	57	3	22

Long.	Larg.	Haut.	Mèt.	Cent.
93	75	57	3	31
93	78	57	3	40
93	81	57	3	49
93	84	57	3	58
93	87	57	3	67
93	90	57	3	76
93	93	57	3	85
93	60	60	2	93
93	63	60	3	02
93	66	60	3	11
93	69	60	3	20
93	72	60	3	30
93	75	60	3	41
93	78	60	3	50
93	81	60	3	59
93	84	60	3	68
93	87	60	3	77
93	90	60	3	86
93	93	60	3	96
93	63	63	3	11
93	66	63	3	20
93	69	63	3	30
93	72	63	3	40
93	75	63	3	50
93	78	63	3	60
93	81	63	3	70
93	84	63	3	79
93	87	63	3	88
93	90	63	3	97
93	93	63	4	07
93	66	66	3	30
93	69	66	3	40
93	72	66	3	50
93	75	66	3	60
93	78	66	3	70
93	81	66	3	80
93	84	66	3	90
93	87	66	4	00
93	90	66	4	09

Long.	Larg.	Haut.	Mèt.	Cent.
93	93	66	4	19
93	69	69	3	50
93	72	69	3	60
93	75	69	3	70
93	78	69	3	80
93	81	69	3	90
93	84	69	4	00
93	87	69	4	09
93	90	69	4	19
93	93	69	4	29
93	72	72	3	70
93	75	72	3	80
93	78	72	3	90
93	81	72	4	00
93	84	72	4	10
93	87	72	4	20
93	90	72	4	30
93	93	72	4	40
93	75	75	3	90
93	78	75	4	00
93	81	75	4	11
93	84	75	4	21
93	87	75	4	31
93	90	75	4	41
93	93	75	4	52
93	78	78	4	11
93	81	78	4	21
93	84	78	4	31
93	87	78	4	42
93	90	78	4	52
93	93	78	4	63
93	81	81	4	31
93	84	81	4	42
93	87	81	4	52
93	90	81	4	63
93	93	81	4	74

Long.	Larg.	Haut.	Mèt.	Cent.
93	84	84	4	62
93	87	84	4	68
93	90	84	4	74
93	93	84	4	85
93	87	87	4	74
93	90	87	4	85
93	93	87	4	96
93	90	90	4	96
93	93	90	5	07
93	93	93	5	18
96	6	6	0	23
96	9	6	0	29
96	12	6	0	35
96	15	6	0	41
96	18	6	0	47
96	21	6	0	54
96	24	6	0	60
96	27	6	0	66
96	30	6	0	72
96	33	6	0	78
96	36	6	0	84
96	39	6	0	90
96	42	6	0	97
96	45	6	1	03
96	48	6	1	09
96	51	6	1	15
96	54	6	1	21
96	57	6	1	27
96	60	6	1	33
96	63	6	1	40
96	66	6	1	46
96	69	6	1	52
96	72	6	1	58
96	75	6	1	66
96	78	6	1	72
96	81	6	1	78
96	84	6	1	84
96	87	6	1	90

Long.	Larg.	Haut.	Mét.	Cent.
96	90	6	1	96
96	93	6	2	01
96	96	6	2	07
96	9	9	0	35
96	12	9	0	41
96	15	9	0	47
96	18	9	0	54
96	21	9	0	61
96	24	9	0	67
96	27	9	0	73
96	30	9	0	80
96	33	9	0	86
96	36	9	0	92
96	39	9	0	93
96	42	9	1	04
96	45	9	1	10
96	48	9	1	17
96	51	9	1	24
96	54	9	1	30
96	57	9	1	36
96	60	9	1	43
96	63	9	1	49
96	66	9	1	55
96	69	9	1	61
96	72	9	1	68
96	75	9	1	74
96	78	9	1	80
96	81	9	1	87
96	84	9	1	90
96	87	9	1	96
96	90	9	2	03
96	93	9	2	10
96	96	9	2	18
96	12	12	0	47
96	15	12	0	53
96	18	12	0	60
96	21	12	0	67
96	24	12	0	74
96	27	12	0	60
96	30	12	0	87

Long.	Larg.	Haut.	Mét.	Cent.
96	33	12	0	93
96	36	12	I	
96	39	12	1	06
96	42	12	1	13
96	45	12	1	20
96	48	12	1	27
96	51	12	1	33
96	54	12	1	40
96	57	12	1	46
96	60	12	1	52
96	63	12	1	59
96	66	12	1	65
96	69	12	1	71
96	72	12	1	78
96	75	12	1	85
96	78	12	1	91
96	81	12	1	93
96	84	12	2	04
96	87	12	2	10
96	90	12	2	16
96	93	12	2	23
96	96	12	2	30
96	15	15	0	60
96	18	15	0	67
96	21	15	0	74
96	24	15	0	81
96	27	15	0	88
96	30	15	0	95
96	33	15	1	02
96	36	15	I	09
96	39	15	1	16
96	42	15	1	23
96	45	15	1	30
66	48	15	1	36
96	51	15	1	42
96	54	15	1	49
96	57	15	1	56
96	60	15	1	62
96	63	15	1	68
9	66	15	1	75
96	69	15	1	82

Long.	Larg.	Haut.	Mét.	Cent.
96	72	15	1	88
96	75	15	1	94
96	78	15	2	01
96	81	15	2	08
96	84	15	2	15
96	87	15	2	22
96	90	15	2	28
96	93	15	2	35
96	96	15	2	42
96	18	18		74
96	21	18	0	81
96	24	18	0	88
96	27	18	0	96
96	30	18	1	03
96	33	18	1	10
96	36	18	1	17
96	39	18	1	24
96	42	18	1	31
96	45	18	1	37
96	48	18	1	43
96	51	18	1	50
96	54	18	1	57
96	57	18	1	64
96	60	18	1	71
96	63	18	1	78
96	66	18	1	85
96	69	18	1	92
96	72	18	1	98
96	75	18	2	05
96	78	18	2	12
96	81	18	2	19
96	84	18	2	26
96	87	18	2	33
96	90	18	2	40
96	93	18	2	46
96	96	18	2	53
96	21	21	0	88
96	24	21	0	95
96	27	21	1	02
96	30	21	1	09

Long.	Larg.	Haut.	Mét.	Cent.
96	33	21	1	16
96	36	21	1	24
96	39	21	1	31
96	42	21	1	38
96	45	21	1	45
96	48	21	1	52
96	51	21	1	59
96	54	21	1	66
96	57	21	1	73
96	60	21	1	80
96	63	21	1	87
96	66	21	1	94
96	69	21	2	01
96	72	21	2	08
96	75	21	2	15
96	78	21	2	22
96	81	21	2	29
96	84	21	2	36
96	87	21	2	43
96	90	21	2	50
96	93	21	2	57
96	96	21	2	65
96	24	24	1	02
96	27	24	1	09
96	30	24	1	17
96	33	24	1	24
96	36	24	1	32
96	39	24	1	39
96	42	24	1	46
96	45	24	1	53
96	48	24	1	60
96	51	24	1	67
96	54	24	1	75
96	57	24	1	82
96	60	24	1	89
96	63	24	1	96
96	66	24	2	03
96	69	24	2	11
96	72	24	2	18
96	75	24	2	25
96	78	24	2	32

Long.	Larg.	Haut.	Mét.	Cent.
96	81	24	2	40
96	84	24	2	47
96	87	24	2	54
96	90	24	2	61
96	93	24	2	68
96	96	24	2	76
96	27	27	1	17
96	30	27	1	24
96	33	27	1	32
96	36	27	1	40
96	39	27	1	47
96	42	27	1	55
96	45	27	1	63
96	48	27	1	70
96	51	27	1	77
96	54	27	1	84
96	57	27	1	91
96	60	27	1	99
96	63	27	2	06
96	66	27	2	12
96	69	27	2	20
96	72	27	2	27
96	75	27	2	35
96	78	27	2	43
96	81	27	2	50
96	84	27	2	58
96	87	27	2	66
96	90	27	2	73
96	93	27	2	80
96	96	27	2	88
96	30	30	1	32
96	33	30	1	40
96	36	30	1	48
96	39	30	1	56
96	42	30	1	63
96	45	30	1	71
96	48	30	1	79
96	51	30	1	87
96	54	30	1	94
96	57	30	2	01

Long.	Larg.	Haut.	Mét.	Cent.
96	60	30	2	08
96	63	30	2	16
96	66	30	2	24
96	69	30	2	32
96	72	30	2	40
96	75	30	2	47
96	78	30	2	54
96	81	30	2	61
96	84	30	2	68
96	87	30	2	76
96	90	30	2	84
96	93	30	2	91
96	96	30	2	99
96	33	33	1	48
96	36	33	1	56
96	39	33	1	64
96	42	33	1	72
96	45	33	1	80
96	48	33	1	87
96	51	33	1	95
96	54	33	2	03
96	57	33	2	10
96	60	33	2	18
96	63	33	2	26
96	66	33	2	34
96	69	33	2	42
96	72	33	2	50
96	75	33	2	57
96	78	33	2	64
96	81	33	2	72
96	84	33	2	80
96	87	33	2	88
96	90	33	2	96
96	93	33	3	03
96	96	33	3	11
96	36	36	1	64
96	39	36	1	72
96	42	36	1	80
96	45	36	1	83
96	48	36	1	95

Long.	Larg.	Haut.	Mét.	Cent.	Long.	Larg.	Haut.	Mét.	Cent.	Long.	Larg.	Haut.	Mét.	Cent.
96	51	36	2	03	96	54	42	2	29	96	69	48	2	91
96	54	36	2	10	96	57	42	2	37	96	72	48	3	
96	57	36	2	18	96	60	42	2	45	96	75	48	3	08
96	60	36	2	26	96	63	42	2	54	96	78	48	3	16
96	63	36	2	34	96	66	42	2	62	96	81	48	3	25
96	66	36	2	43	96	69	42	2	70	96	84	48	3	33
96	69	36	2	50	96	72	42	2	78	96	87	48	3	42
96	72	36	2	58	96	75	42	2	87	96	90	48	3	50
96	75	36	2	66	96	78	42	2	95	96	93	48	3	59
96	78	36	2	74	96	81	42	3	03	96	96	48	3	68
96	81	36	2	83	96	84	42	3	11					
96	84	36	2	90	96	87	42	3	19	96	51	51	2	46
96	87	36	2	98	96	90	42	3	27	96	54	51	2	55
96	90	36	3	06	96	93	42	3	36	96	57	51	2	64
96	93	36	3	14	96	96	42	3	45	96	60	51	2	73
96	96	36	3	22						96	63	51	2	82
					96	45	45	2	12	96	66	51	2	91
96	39	39	1	80	96	48	45	2	20	96	69	51	3	
96	42	39	1	88	96	51	45	2	28	96	72	51	3	09
96	45	39	1	96	96	54	45	2	37	96	75	51	3	18
96	48	39	2	04	96	57	45	2	46	96	78	51	3	27
96	51	39	2	12	96	60	45	2	55	96	81	51	3	36
96	54	39	2	20	96	63	45	2	63	96	84	51	3	45
96	57	39	2	28	96	66	45	2	72	96	87	51	3	54
96	60	39	2	36	96	69	45	2	80	96	90	51	3	63
96	63	39	2	44	96	72	45	2	89	96	93	51	3	71
96	66	39	2	52	96	75	45	2	97	96	96	51	3	80
96	69	39	2	60	96	78	45	3	06					
96	72	39	2	68	96	81	45	3	15	96	54	54	2	64
96	75	39	2	76	96	84	45	3	23	96	57	54	2	73
96	78	39	2	85	96	87	45	3	32	96	60	54	2	82
96	81	39	2	93	96	90	45	3	40	96	63	54	2	91
96	84	39	3	01	96	93	45	3	48	96	66	54	3	
96	87	39	3	09	96	96	45	3	57	96	69	54	3	09
96	90	39	3	17						96	72	54	3	19
96	93	39	3	25	96	48	48	2	28	96	75	54	3	28
96	96	39	3	34	96	51	48	2	37	96	78	54	3	37
					96	54	48	2	46	96	81	54	3	46
96	42	42	1	96	96	57	48	2	55	96	84	54	3	55
96	45	42	2	04	96	60	48	2	64	96	87	54	3	64
96	48	42	2	12	96	63	48	2	73	96	90	54	3	73
96	51	42	2	20	96	66	48	2	82	96	93	54	3	82

Long.	Larg.	Haut.	Mèt.	Cent.
96	96	54	3	91
96	57	57	2	82
96	60	57	2	91
96	63	57	3	
96	66	57	3	10
96	69	57	3	19
96	72	57	3	28
96	75	57	3	38
96	78	57	3	48
96	81	57	3	58
96	84	57	3	67
96	87	57	3	76
96	90	57	3	85
96	93	57	3	94
96	96	57	4	03
96	60	60	3	
96	63	60	3	09
96	66	60	3	18
96	69	60	3	28
96	72	60	3	38
93	75	90	3	48
96	78	60	3	53
96	81	60	3	67
96	84	60	3	76
96	87	60	3	86
96	90	60	3	96
96	93	60	4	05
96	96	60	4	14
96	63	63	3	18
96	66	63	3	28
96	69	63	3	38
96	72	63	3	48
96	75	63	3	58
96	78	63	3	69
96	81	63	3	79
96	84	63	3	89
96	87	63	3	99
96	99	63	4	09
96	93	63	4	18

Long.	Larg.	Haut.	Mèt.	Cent.
96	96	63	4	27
96	66	66	3	38
96	69	66	3	48
96	72	66	3	58
96	75	66	3	68
96	78	66	3	78
96	81	66	3	89
96	84	66	3	99
96	87	66	4	09
96	90	66	4	18
96	93	66	4	23
96	96	66	4	37
96	69	69	3	58
96	72	69	3	68
96	75	69	3	78
96	78	69	3	88
96	81	69	3	99
96	84	69	4	09
96	87	69	4	19
96	90	69	4	29
96	93	69	4	39
96	96	69	4	49
96	72	72	3	78
96	75	72	3	88
96	78	72	3	98
96	81	72	4	09
96	84	72	4	20
96	87	72	4	30
96	90	72	4	40
96	93	72	4	50
96	96	72	4	60
96	75	75	3	98
96	78	75	4	09
96	81	75	4	20
96	84	75	4	31
96	87	75	4	41
96	90	75	4	51
96	93	75	4	61

Long.	Larg.	Haut.	Mèt.	Cent.
96	96	75	4	72
96	78	78	4	20
96	81	78	4	31
96	84	78	4	42
96	87	78	4	52
96	90	78	4	62
96	93	78	4	72
96	96	78	4	83
96	81	81	4	42
96	84	81	4	53
96	87	81	4	63
96	90	81	4	74
96	93	81	4	84
96	96	81	4	95
96	84	84	4	63
96	87	84	4	74
96	90	84	4	85
96	93	84	4	95
96	96	84	5	06
96	87	87	4	85
96	90	87	4	96
96	93	87	5	07
96	96	87	5	18
96	90	90	5	07
96	93	90	5	18
96	96	90	5	30
96	93	93	5	80
96	96	93	5	41
96	96	96	5	52
99	6	6	0	24
99	9	6	0	30
99	12	6	0	36
99	15	6	0	42
99	18	6	0	49

99	21	6	0	55	99	51	9	1	27	99	84	12	2	10
99	24	6	0	62	99	54	9	1	34	99	87	12	2	17
98	27	6	0	68	99	57	9	1	40	99	90	12	2	23
98	30	6	0	74	99	60	9	1	47	99	93	12	2	30
99	33	6	0	81	99	63	9	1	58	99	96	12	2	36
99	36	6	0	87	99	66	9	1	60	99	99	12	2	43
99	39	6	0	93	99	69	9	1	67	99	15	15	0	69
99	42	6	0	99	99	72	9	1	74	99	18	15	0	70
99	45	6	1	66	99	75	9	1	80	99	21	15	0	77
99	48	6	1	12	99	78	9	1	86	99	24	15	0	84
99	51	6	1	18	99	81	9	1	92	99	27	15	0	91
99	54	6	1	24	99	84	9	1	99	99	30	15	0	98
99	57	6	1	30	99	87	9	2	06	99	33	15	1	05
99	60	6	1	37	99	90	9	2	12	99	36	15	1	12
99	63	6	1	43	99	93	9	2	18	99	39	15	1	19
99	66	6	1	49	99	96	9	2	24	99	42	15	1	26
99	69	6	1	55	99	99	9	2	31	99	45	15	1	33
99	72	6	1	62	99	12	12	0	50	99	48	15	1	39
99	75	6	1	69	99	15	12	0	56	99	51	15	1	46
99	78	6	1	75	99	18	12	0	65	99	54	15	1	53
99	81	6	1	81	99	21	12	0	70	99	57	15	1	60
99	84	6	1	87	99	24	12	0	77	99	60	15	1	67
99	87	6	1	94	99	27	12	0	84	99	63	15	1	73
99	90	6	2	[illegible]	99	30	12	0	91	99	66	15	1	80
99	93	6	2	06	99	33	12	0	97	99	69	15	1	87
99	96	6	2	12	99	36	12	0	03	99	72	15	1	94
99	99	6	2	19	99	39	12	1	10	99	75	15	2	[illegible]
99	9	9	0	36	99	42	12	1	16	99	78	15	2	07
99	12	9	0	48	99	45	12	1	22	99	81	15	2	14
99	15	9	0	50	99	48	12	1	28	99	84	15	2	21
99	18	9	0	56	99	51	12	1	38	99	87	15	2	28
99	21	9	0	62	99	54	12	1	43	99	90	15	2	35
99	24	9	0	69	99	57	12	1	50	99	93	15	2	42
99	27	9	0	75	99	60	12	1	58	99	96	15	2	49
99	30	9	0	81	99	63	12	1	62	99	99	15	2	55
99	33	9	0	88	99	66	12	1	69					
99	36	9	0	95	99	69	12	1	76	99	18	18	0	77
99	39	9	1	02	99	72	12	1	88	99	21	18	0	84
99	42	9	1	09	99	75	12	1	90	99	24	18	0	91
99	45	9	1	15	99	78	12	1	97	99	27	18	0	98
99	48	9	1	21	99	81	12	3	08	99	30	18	1	05

Long.	Larg.	Haut.	Mét.	Cent.	Long.	Larg.	Haut.	Mét.	Cent.	Long.	Larg.	Haut.	Mét.	Cent.
99	33	18	1	12	99	75	21	2	21	99	42	27	1	59
99	36	18	1	19	99	78	21	2	28	99	45	27	1	67
99	39	18	1	26	99	81	21	2	36	99	48	27	1	74
99	42	18	1	33	99	84	21	2	43	99	51	27	1	82
99	45	18	1	41	99	87	21	2	50	99	54	27	1	90
99	48	18	1	48	99	90	21	2	57	99	57	27	1	97
99	51	18	1	55	99	93	21	2	64	99	60	27	2	04
99	54	18	1	62	99	96	21	2	72	99	63	27	2	12
99	57	18	1	69	99	99	21	2	79	99	66	27	2	19
99	60	18	1	76						99	69	27	2	26
99	63	18	1	83	99	24	24	1	05	99	72	27	2	34
99	66	18	1	90	99	27	24	1	13	99	75	27	2	41
99	69	18	1	97	99	30	24	1	21	99	78	27	2	49
99	72	18	2	04	99	33	24	1	28	99	81	27	2	57
99	75	18	2	11	99	36	24	1	36	99	84	27	2	65
99	78	18	2	18	99	39	24	1	44	99	87	27	2	72
99	81	18	2	25	99	42	24	1	52	99	90	27	2	80
99	84	18	2	32	99	45	24	1	59	99	93	27	2	87
99	87	18	2	39	99	48	24	1	66	99	96	27	2	95
99	90	18	2	46	99	51	24	1	73	99	99	27	3	03
99	93	18	2	53	99	54	24	1	80					
99	96	18	2	60	99	57	24	1	88	99	30	30	1	36
99	99	18	2	67	99	60	24	1	96	99	33	30	1	43
					99	63	24	2	02	99	36	30	1	51
99	21	21	0	91	99	66	24	2	09	99	39	30	1	59
99	24	21	0	98	99	69	24	2	16	99	42	30	1	67
99	27	21	1	05	99	72	24	2	24	99	45	30	1	75
99	30	21	1	12	99	75	24	2	31	99	48	30	1	83
99	33	21	1	20	99	78	24	2	38	99	51	30	1	90
99	36	21	1	27	99	81	24	2	46	99	54	30	1	98
99	39	21	1	34	99	84	24	2	53	99	57	30	2	06
99	42	21	1	42	99	87	24	2	60	99	60	30	2	14
99	45	21	1	49	99	90	24	2	68	99	63	30	2	22
99	48	21	1	57	99	93	24	2	76	99	66	30	2	30
99	51	21	1	64	99	96	24	2	83	99	69	30	2	38
99	54	21	1	71	99	99	24	2	91	99	72	30	2	45
99	57	21	1	78						99	75	30	2	53
99	60	21	1	85	99	27	27	1	21	99	78	30	2	60
99	63	21	1	93	99	30	27	1	29	99	81	30	2	67
99	66	21	2	00	99	33	27	1	36	99	84	30	2	75
99	69	21	2	07	99	36	27	1	44	99	87	30	2	83
99	72	21	2	14	99	39	27	1	51	99	90	30	2	91

Long.	Larg.	Haut.	Mèt.	Cent.	Long.	Larg.	Haut.	Mèt.	Cent.	Long.	Larg.	Haut.	Mèt.	Cent.
99	93	30	2	99	99	78	36	2	81	99	75	42	2	98
99	96	30	3	07	99	81	36	2	89	99	78	42	3	
99	99	30	3	14	99	84	36	2	98	99	81	42	3	09
					99	87	36	3	06	99	84	42	3	18
99	33	33	1	51	99	90	36	3	14	99	87	42	3	27
99	36	33	1	59	99	93	36	3	22	99	90	42	3	36
99	39	33	1	67	99	96	36	3	30	99	93	42	3	45
99	42	33	1	75	99	99	36	3	38	99	96	42	3	53
99	45	33	1	83						99	99	42	3	62
99	48	33	1	92	99	39	39	1	83					
99	51	33	2	02	99	42	39	1	91	99	45	45	2	17
99	54	33	2	10	99	45	39	1	99	99	48	45	2	26
99	57	33	2	18	99	48	39	2	08	99	51	45	2	35
99	60	33	2	26	99	51	39	2	17	99	54	45	2	44
99	63	33	2	34	99	54	39	2	26	99	57	45	2	53
99	66	33	2	41	99	57	39	2	35	99	60	45	2	62
99	69	33	2	49	99	60	39	2	44	99	63	45	2	71
99	72	33	2	56	99	63	39	2	52	99	66	45	2	80
99	75	33	2	63	99	66	39	2	60	99	69	45	2	89
99	78	33	2	70	99	69	39	2	68	99	72	45	2	98
99	81	33	2	78	99	72	39	2	76	99	75	45	3	07
99	84	33	2	86	99	75	39	2	84	99	78	45	3	12
99	87	33	2	94	99	78	39	2	92	99	81	45	3	22
99	90	33	3	01	99	81	39	3	01	99	84	45	3	31
99	93	33	3	09	99	84	39	3	10	99	87	45	3	40
99	96	33	3	17	99	87	39	3	19	99	90	45	3	49
99	99	33	3	26	99	90	39	3	27	99	93	45	3	58
					99	93	39	3	34	99	96	45	3	66
99	36	36	1	67	99	96	39	3	42	99	99	45	3	74
99	39	36	1	75	99	99	39	3	50					
99	42	36	1	83						99	48	48	2	35
99	45	36	1	92	99	42	42	1	99	99	51	48	2	44
99	48	36	2		99	45	42	2	08	99	54	48	2	53
99	51	36	2	09	99	48	42	2	17	99	57	48	2	62
99	54	36	2	17	99	51	42	2	26	99	60	48	2	71
99	57	36	2	25	99	54	42	2	35	99	63	48	2	80
99	60	36	2	33	99	57	42	2	44	99	66	48	2	89
99	63	36	2	41	99	60	42	2	53	99	69	48	2	98
99	66	36	2	49	99	63	42	2	62	99	72	48	3	07
99	69	36	2	57	99	66	42	2	71	99	75	48	3	16
99	72	36	2	65	99	69	42	2	80	99	78	48	3	24
99	75	36	2	73	99	72	42	2	89	99	81	48	3	33

Long.	Larg.	Haut.	Mét.	Cent.	Long.	Larg.	Haut.	Mét.	Cent.	Long.	Larg.	Haut.	Mét.	Cent.
99	84	48	3	42	99	57	57	2	89	99	96	63	4	35
99	87	48	3	51	99	60	57	2	92	99	99	63	4	45
99	90	48	3	60	99	63	57	3	07					
99	93	48	3	68	99	66	57	3	16	99	66	66	3	46
99	96	48	3	77	99	69	57	3	26	99	69	66	3	56
99	99	48	3	86	99	72	57	3	36	99	72	66	3	67
					99	75	57	3	46	99	75	66	3	78
99	51	51	2	53	99	78	57	3	56	99	78	66	3	88
99	54	51	2	62	99	81	57	3	65	99	81	66	3	98
99	57	51	2	71	99	84	57	3	74	99	84	66	4	08
99	60	51	2	80	99	87	57	3	83	99	87	66	4	18
99	63	51	2	89	99	90	57	3	92	99	90	66	4	27
99	66	51	2	99	99	93	57	4	01	99	93	66	4	37
99	69	51	3	08	99	96	57	4	11	99	96	66	4	47
99	72	51	3	17	99	99	57	4	21	99	99	66	4	57
99	75	51	3	26										
99	78	51	3	35	99	60	60	3	07	99	69	69	3	67
99	81	51	3	44	99	63	60	3	16	99	72	69	3	77
99	84	51	3	53	99	66	60	3	26	99	75	69	3	87
99	87	51	3	62	99	69	60	3	36	99	78	69	3	97
99	90	51	3	71	99	72	60	3	46	99	81	69	4	07
99	93	51	3	80	99	75	60	3	56	99	84	69	4	18
99	96	51	3	89	99	78	60	3	66	99	87	69	4	28
99	99	51	3	98	99	81	60	3	76	99	90	69	4	38
					99	84	60	3	85	99	93	69	4	48
99	54	54	2	71	99	87	60	3	94	99	96	69	4	58
99	57	54	2	80	99	90	60	4	03	99	99	69	4	69
99	60	54	2	89	99	93	60	4	31					
99	63	54	2	98	99	96	60	4	23	99	72	72	3	87
99	66	54	3	07	99	99	60	4	33	99	75	72	3	98
99	69	54	3	16						99	78	72	4	09
99	72	54	3	25	99	63	63	3	26	99	81	72	4	19
99	75	54	3	34	99	66	63	3	36	99	84	72	4	29
99	78	54	3	43	99	69	63	3	46	99	87	72	4	40
99	81	54	3	53	99	72	63	3	56	99	90	72	4	50
99	84	54	3	63	99	75	63	3	66	99	93	72	4	60
99	87	54	3	72	99	78	63	3	76	99	96	72	4	70
99	90	54	3	81	99	81	63	3	86	99	99	72	4	81
99	93	54	3	90	99	84	63	3	95					
99	96	54	4		99	87	63	4	05	99	75	75	4	09
99	99	54	4	09	99	90	63	4	15	99	78	75	4	19
					99	93	63	4	25	99	81	75	4	29

Long.	Larg.	Haut.	Mèt.	Cent.	Long.	Larg.	Haut.	Mèt.	Cent.	Long.	Larg.	Haut.	Mèt.	Cent.
99	84	75	4	40	99	93	93	5	40					
99	87	75	4	51	99	96	93	5	52	102	9	9	0	39
99	90	75	4	62	99	99	93	5	64	102	12	9	0	45
99	93	75	4	73						102	15	9	0	52
99	96	75	4	83	99	96	96	5	64	102	18	9	0	59
99	99	75	4	93	99	99	96	5	76	102	21	9	0	66
										102	24	9	0	72
99	78	78	4	29	99	99	99	5	88	102	27	9	0	78
99	81	78	4	40						102	30	9	0	85
99	84	78	4	51	102	6	6	0	25	102	33	9	0	92
99	87	78	4	62	102	9	6	0	32	102	36	9	0	99
99	90	78	4	73	102	12	6	0	39	102	39	9	1	05
99	93	78	4	84	102	15	6	0	46	102	42	9	1	12
99	96	78	4	95	102	18	6	0	53	102	45	9	1	18
99	99	78	5	05	102	21	6	0	58	102	48	9	1	25
					102	24	6	0	64	102	51	9	1	31
99	81	81	4	51	102	27	6	0	70	102	54	9	1	38
99	84	81	4	62	102	30	6	0	77	102	57	9	1	44
99	87	81	4	73	102	33	6	0	84	102	60	9	1	50
99	90	81	4	84	102	36	6	0	90	102	63	9	1	57
99	93	81	4	95	102	39	6	0	97	102	66	9	1	64
99	96	81	5	05	102	42	6	1	04	102	69	9	1	71
99	99	81	5	16	102	45	6	1	10	102	72	9	1	78
					102	48	6	1	16	102	75	9	1	85
99	84	84	4	73	102	51	6	1	22	102	78	9	1	91
99	87	84	4	84	102	54	6	1	27	102	81	9	1	98
99	90	84	4	95	102	57	6	1	34	102	84	9	2	04
99	93	84	5	06	102	60	6	1	40	102	87	9	2	11
99	96	84	5	17	102	63	6	1	47	102	90	9	2	18
99	99	84	5	28	102	66	6	1	54	102	93	9	2	25
					102	69	6	1	61	102	96	9	2	31
99	87	87	4	95	102	72	6	1	68	102	99	9	2	37
99	90	87	5	06	102	75	6	1	75	102	102	9	2	44
99	93	87	5	17	102	78	6	1	82					
99	96	87	5	28	102	81	6	1	88	102	12	12	0	52
99	99	87	5	40	102	84	6	1	94	102	15	12	0	59
					102	87	6	2		102	18	12	0	66
99	90	90	5	17	102	90	6	2	07	102	21	12	0	73
99	93	90	5	28	102	93	6	2	14	102	24	12	0	80
99	96	90	5	40	102	96	6	2	20	102	27	12	0	87
99	99	90	5	52	102	99	6	2	26	102	30	12	0	94
					102	102	6	2	32	102	33	12	1	00

Long.	Larg.	Haut.	Mét.	Cent.	Long.	Larg.	Haut.	Mét.	Cent.	Long.	Larg.	Haut.	Mét.	Cent.
102	36	12	1	06	102	69	15	1	92	102	21	21	0	96
102	39	12	1	12	102	72	15	1	99	102	24	21	1	02
102	42	12	1	19	102	75	15	2	06	102	27	21	1	09
102	45	12	1	26	102	78	15	2	12	102	30	21	1	16
102	48	12	1	33	102	81	15	2	20	102	33	21	1	23
102	51	12	1	40	102	84	15	2	28	102	36	21	1	30
102	54	12	1	47	102	87	15	2	36	102	39	21	1	38
102	57	12	1	54	102	90	15	2	42	102	42	21	1	46
102	60	12	1	61	102	93	15	2	50	102	45	21	1	53
102	63	12	1	68	102	96	15	2	56	102	48	21	1	60
102	66	12	1	75	102	99	15	2	62	102	51	21	1	67
102	69	12	1	82	102	102	15	2	69	102	54	21	1	75
102	72	12	1	88						102	57	21	1	82
102	75	12	1	95	102	18	18	0	80	102	60	21	1	90
102	78	12	2	02	102	21	18	0	88	102	63	21	1	97
102	81	12	2	09	102	24	18	0	96	102	66	21	2	04
102	84	12	2	16	102	27	18	1	04	102	69	21	2	12
102	87	12	2	22	102	30	18	1	10	102	72	21	2	20
102	90	12	2	29	102	33	18	1	16	102	75	21	2	27
102	93	12	2	36	102	36	18	1	23	102	78	21	2	34
102	96	12	2	43	102	39	18	1	30	102	81	21	2	41
102	99	12	2	50	102	42	18	1	38	102	84	21	2	48
102	102	12	2	57	102	45	18	1	46	102	87	21	2	56
					102	48	18	1	54	102	90	21	2	63
102	15	15	0	66	102	51	18	1	60	102	93	21	2	70
102	18	15	0	73	102	54	18	1	66	102	96	21	2	78
102	21	15	0	80	102	57	18	1	73	102	99	21	2	85
102	24	15	0	87	102	60	18	1	80	102	102	21	2	93
102	27	15	0	94	102	63	18	1	88					
102	30	15	1		102	66	18	1	96	102	24	24	1	09
102	33	15	1	07	102	69	18	2	03	102	27	24	1	16
102	36	15	1	14	102	72	18	2	10	102	30	24	1	24
102	39	15	1	21	102	75	18	2	16	102	33	24	1	31
102	42	15	1	28	102	78	18	2	23	102	36	24	1	38
102	45	15	1	35	102	81	18	2	30	102	39	24	1	46
102	48	15	1	42	102	84	18	2	38	102	42	24	1	54
102	51	15	1	50	102	87	18	2	46	102	45	24	1	62
102	54	15	1	57	102	90	18	2	54	102	48	24	1	70
102	57	15	1	64	102	93	18	2	62	102	51	24	1	77
102	60	15	1	71	102	96	18	2	69	102	54	24	1	84
102	63	15	1	78	102	99	18	2	75	102	57	24	1	92
102	66	15	1	85	102	102	18	2	81	102	60	24	2	00

Long.	Larg.	Haut.	Mét.	Cent.
102	63	24	2	07
102	66	24	2	15
102	69	24	2	23
102	72	24	2	30
102	75	24	2	38
102	78	24	2	45
102	81	24	2	52
102	84	24	2	60
102	87	24	2	68
102	90	24	2	75
102	93	24	2	83
102	96	24	2	90
102	99	24	2	98
102	102	24	3	06
102	27	27	1	24
102	30	27	1	32
102	33	27	1	40
102	36	27	1	48
102	39	27	1	55
102	42	27	1	63
102	45	27	1	70
102	48	27	1	78
102	51	27	1	86
102	54	27	1	93
102	57	27	2	01
102	60	27	2	09
102	63	27	2	17
102	66	27	2	24
102	69	27	2	32
102	72	27	2	40
102	75	27	2	48
102	78	27	2	56
102	81	27	2	64
102	84	27	2	72
102	87	27	2	80
102	90	27	2	87
102	93	27	2	95
102	96	27	3	03
102	99	27	3	10
102	102	27	3	18

Long.	Larg.	Haut.	Mét.	Cent.
102	30	30	1	40
102	33	30	1	48
102	36	30	1	56
102	39	30	1	64
102	42	30	1	72
102	45	30	1	79
102	48	30	1	87
102	51	30	1	95
102	54	30	2	03
102	57	30	2	10
102	60	30	2	18
102	63	30	2	26
102	66	30	2	35
102	69	30	2	43
102	72	30	2	51
102	75	30	2	59
102	78	30	2	67
102	81	30	2	74
102	84	30	2	82
102	87	30	2	89
102	90	30	2	97
102	93	30	3	05
102	96	30	3	13
102	99	30	3	21
102	102	30	3	30
102	33	33	1	56
102	36	33	1	64
102	39	33	1	72
102	42	33	1	80
102	45	33	1	88
102	48	33	1	96
102	51	33	2	05
102	54	33	2	14
102	57	33	2	22
102	60	33	2	30
102	63	33	2	40
102	66	33	2	49
102	69	33	2	58
102	72	33	2	60
102	75	33	2	68
102	78	33	2	78

Long.	Larg.	Haut.	Mét.	Cent.
102	81	33	2	86
102	84	33	2	95
102	87	33	3	04
102	90	33	3	13
102	93	33	3	20
102	96	33	3	28
102	99	33	3	35
102	102	33	3	42
102	36	36	1	72
102	39	36	1	80
102	42	36	1	89
102	45	36	1	98
102	48	36	2	06
102	51	36	2	15
102	54	36	2	22
102	57	36	2	31
102	60	36	2	39
102	63	36	2	47
102	66	36	2	55
102	69	36	2	63
102	72	36	2	72
102	75	36	2	80
102	78	36	2	88
102	81	36	2	97
102	84	36	3	02
102	87	36	3	10
102	90	36	3	19
102	93	36	3	28
102	96	36	3	36
102	99	36	3	45
102	102	36	3	55
102	39	39	1	89
102	42	39	1	98
102	45	39	2	07
102	48	39	2	16
102	51	39	2	25
102	54	39	2	34
102	57	39	2	48
102	60	39	2	50
102	63	39	2	57

Long.	Larg.	Haut.	Mèt.	Cent.
102	66	39	2	66
102	69	39	2	74
102	72	39	2	81
102	75	39	2	90
102	78	39	3	98
102	81	39	3	07
102	84	39	3	16
102	87	39	3	24
102	90	39	3	33
102	93	39	3	42
102	96	39	3	51
102	99	39	3	59
102	102	39	3	67
102	42	42	2	07
102	45	42	2	16
102	48	42	2	25
102	51	42	2	34
102	54	42	2	43
102	57	42	2	50
102	60	42	2	58
102	63	42	2	66
102	66	42	2	75
102	69	42	2	84
102	72	42	2	93
102	75	42	3	02
102	78	42	3	10
102	81	42	3	19
102	84	42	3	27
102	87	42	3	36
102	90	42	3	45
102	93	42	3	54
102	96	42	3	62
102	99	42	3	70
102	102	42	3	79
102	45	45	2	24
102	48	45	2	33
102	51	45	2	42
102	54	45	2	50
102	57	45	2	59
105	60	45	2	68

Long.	Larg.	Haut.	Mèt.	Cent.
102	63	45	2	77
102	66	45	2	86
102	69	45	2	95
102	72	45	3	04
102	75	45	3	13
102	78	45	3	21
102	81	45	3	30
102	84	45	3	39
102	87	45	3	48
102	90	45	3	56
102	93	45	3	65
102	96	45	3	74
102	99	45	3	82
102	102	45	3	91
102	48	48	2	42
102	51	48	2	50
102	54	48	2	59
102	57	48	2	68
102	60	48	2	77
102	63	48	2	86
102	66	48	2	95
102	69	48	3	04
102	72	48	3	12
102	75	48	3	21
102	78	48	3	30
102	81	48	3	40
102	84	48	3	49
102	87	48	3	58
102	90	48	3	67
102	93	48	3	72
102	96	48	3	82
102	99	48	3	93
102	102	48	4	04
102	51	51	2	59
102	54	51	2	68
102	57	51	2	77
102	60	51	2	86
102	63	51	2	96
102	66	51	3	06
102	69	51	3	15

Long.	Larg.	Haut.	Mèt.	Cent.
102	72	51	3	24
102	75	51	3	33
102	78	51	3	42
102	81	51	3	51
102	84	51	3	61
102	87	51	3	70
102	90	51	3	79
102	93	51	3	88
102	96	51	3	97
102	99	51	4	06
102	102	51	4	16
102	54	54	2	77
102	57	54	2	86
102	60	54	2	95
102	63	54	3	04
102	66	54	3	14
102	69	54	3	24
102	72	54	3	34
102	75	54	3	44
102	78	54	3	53
102	81	54	3	62
102	84	54	3	71
102	87	54	3	80
102	90	54	3	89
102	93	54	3	98
102	96	54	4	08
102	99	54	4	18
102	102	54	4	28
102	57	57	2	95
102	60	57	3	04
102	63	57	3	14
102	66	57	3	24
102	69	57	3	34
102	72	57	3	44
102	75	57	3	54
102	78	57	3	64
102	81	57	3	73
102	84	57	3	82
102	87	57	3	91
102	90	57	4	00

Long.	Larg.	Haut.	Mêt.	Cent.
102	93	57	4	10
102	96	57	4	20
102	99	57	4	30
102	102	57	4	40
102	60	60	3	14
102	63	60	3	24
102	66	60	3	34
102	69	60	3	44
102	72	60	3	54
102	75	60	3	64
102	78	60	3	74
102	81	60	3	84
102	84	60	3	93
102	87	60	4	02
102	90	60	4	12
102	93	60	4	22
102	96	60	4	32
102	99	60	4	42
102	102	60	4	52
102	63	63	3	34
102	66	63	3	44
102	69	63	3	54
102	72	63	3	64
102	75	63	3	74
102	78	63	3	84
102	81	63	3	94
102	84	63	4	05
102	87	63	4	15
102	90	63	4	25
102	93	63	4	35
102	96	63	4	45
102	99	63	4	55
102	102	63	4	65
102	66	66	3	54
102	69	66	3	64
102	72	66	3	74
102	75	66	3	85
102	78	66	3	95
102	81	66	4	05

Long.	Larg.	Haut.	Mêt.	Cent.
102	84	66	4	16
102	87	66	4	26
102	90	66	4	36
102	93	66	4	46
102	96	66	4	56
102	99	66	4	66
102	102	66	4	77
102	69	69	3	74
102	72	69	3	85
102	75	69	3	96
102	78	69	4	07
102	81	69	4	18
102	84	69	4	28
102	87	69	4	38
102	90	69	4	48
102	93	69	4	58
102	96	69	4	68
102	99	69	4	78
102	102	69	4	89
102	72	72	3	96
102	75	72	4	07
102	78	72	4	18
102	81	72	4	29
102	84	72	4	39
102	87	72	4	49
102	90	72	4	60
102	93	72	4	71
102	96	72	4	81
102	99	72	4	91
102	102	72	5	01
102	75	75	4	18
102	78	75	4	29
102	81	75	4	40
102	84	75	4	51
102	87	75	4	61
102	90	75	4	72
102	93	75	4	83
102	96	75	4	94
102	99	75	5	04

Long.	Larg.	Haut.	Mêt.	Cent.
102	102	75	5	14
102	78	78	4	40
102	81	78	4	51
102	84	78	4	62
102	87	78	4	73
102	90	78	4	83
102	93	78	4	94
102	96	78	5	05
102	99	78	5	15
102	102	78	5	26
102	81	81	4	62
102	84	81	4	73
102	87	81	4	84
102	90	81	4	94
102	93	81	5	05
102	96	81	5	16
102	99	81	5	27
102	102	81	5	38
102	84	84	4	84
102	87	84	4	94
102	90	84	5	04
102	93	84	5	13
102	96	84	5	24
102	99	84	5	35
102	102	84	5	46
102	87	87	5	04
102	90	87	5	15
102	93	87	5	29
102	96	87	5	40
102	99	87	5	52
102	102	87	5	63
102	90	90	5	29
102	93	90	5	41
102	96	90	5	53
102	99	90	5	64
102	102	90	5	75

Long.	Larg.	Haut.	Mét.	Cent.	Long.	Larg.	Haut.	Mét.	Cent.	Long.	Larg.	Haut.	Mét.	Cent.
102	93	93	5	53	102	96	96	5	76	102	99	99	5	99
102	96	93	5	65	102	99	96	5	87	102	102	99	6	12
102	99	93	5	76	102	102	96	5	99					
102	102	93	5	87						102	102	102	6	24

Long.	Larg.	Haut.	Mét.	Cent.	Long.	Larg.	Haut.	Mét.	Cent.	Long.	Larg.	Haut.	Mét.	Cent.
110	10	10	0	46						110	100	80	5	56
110	20	10	0	70	110	40	40	2	08					
110	30	10	0	94	110	50	40	2	38	110	90	90	5	58
110	40	10	1	18	110	60	40	2	68	110	100	90	5	98
110	50	10	1	42	110	70	40	2	98					
110	60	10	1	66	110	80	40	3	28	110	100	100	6	40
110	70	10	1	90	110	90	40	3	58					
110	80	10	2	14	110	100	40	3	88	120	10	10	0	50
110	90	10	2	38						120	20	10	0	76
110	100	10	2	62	110	50	50	2	70	120	30	10	1	02
					110	60	50	3	02	120	40	10	1	28
110	20	20	0	96	110	70	50	3	34	120	50	10	1	54
110	30	20	1	22	110	80	50	3	66	120	60	10	1	80
110	40	20	1	48	110	90	50	3	99	120	70	10	2	06
110	50	20	1	74	110	100	50	4	32	120	80	10	2	32
110	60	20	2							120	90	10	2	58
110	70	20	2	26	110	60	60	3	36	120	100	10	2	84
110	80	20	2	52	110	70	60	3	70					
110	90	20	2	78	110	80	60	4	04	120	20	20	1	04
110	100	20	3	04	110	90	60	4	38	120	30	20	1	32
					110	100	60	4	72	120	40	20	1	60
110	30	30	1	50						120	50	20	1	88
110	40	30	1	78	110	70	70	4	06	120	60	20	2	16
110	50	30	2	06	110	80	70	4	42	120	70	20	2	44
110	60	30	2	34	110	90	70	4	78	120	80	20	2	72
110	70	30	2	62	110	100	70	5	14	120	90	20	3	
110	80	30	2	90						120	100	20	3	28
110	90	30	2	18	110	80	80	4	80					
110	100	30	2	46	110	90	80	5	18	120	30	30	1	62

Long.	Larg.	Haut.	Mèt.	Cent.
120	40	30	1	92
120	50	30	2	22
120	60	30	2	52
120	70	30	2	82
120	80	30	3	12
120	90	30	3	42
120	100	30	3	72
120	40	40	2	24
120	50	40	2	56
120	60	40	2	88
120	70	40	3	20
120	80	40	3	52
120	90	40	3	84
120	100	40	4	16
120	50	50	2	90
120	60	50	3	24
120	70	50	3	58
120	80	50	3	92
120	90	50	4	26
120	100	50	4	60
120	60	60	3	58
120	70	60	3	96
120	80	60	4	34
120	90	60	4	72
120	100	60	5	10
120	70	70	4	34
120	80	70	4	72
120	90	70	5	10
120	100	70	5	48
120	80	80	5	12
120	90	80	5	52
120	100	80	5	92
120	90	90	5	94
120	100	90	6	36
120	100	100	6	80

Long.	Larg.	Haut.	Mèt.	Cent.
130	10	10	0	54
130	20	10	0	82
130	30	10	1	10
130	40	10	1	38
130	50	10	1	66
130	60	10	1	94
130	70	10	2	22
130	80	10	2	50
130	90	10	2	78
130	100	10	3	06
130	20	20	1	12
130	30	20	1	42
130	40	20	1	72
130	50	20	2	02
130	60	20	2	32
130	70	20	2	62
130	80	20	2	92
130	90	20	3	22
130	100	20	3	52
130	30	30	1	74
130	40	30	2	06
130	50	30	2	38
130	60	30	2	70
130	70	30	3	02
130	80	30	3	34
130	90	30	3	66
130	100	30	3	98
130	40	40	2	40
130	50	40	2	74
130	60	40	3	08
130	70	40	3	42
130	80	40	3	76
130	90	40	4	10
130	100	40	4	44
130	50	50	3	10
130	60	50	3	46
130	70	50	3	82

Long.	Larg.	Haut.	Mèt.	Cent.
130	80	50	4	18
130	90	50	4	54
130	100	50	4	90
130	60	60	3	84
130	70	60	4	22
130	80	60	4	60
130	90	60	4	98
130	100	60	5	36
130	70	70	4	62
130	80	70	5	02
130	90	70	5	42
130	100	70	5	82
130	80	80	5	44
130	90	80	5	86
130	100	80	6	28
130	90	90	6	30
130	100	90	6	74
130	100	100	7	20
140	10	10	0	58
140	20	10	0	88
140	30	10	1	18
140	40	10	1	48
140	50	10	1	78
140	60	10	2	08
140	70	10	2	38
140	80	10	2	68
140	90	10	2	98
140	100	10	3	28
140	20	20	1	20
140	30	20	1	52
140	40	20	1	84
140	50	20	2	16
140	60	20	2	48
140	70	20	2	80
140	80	20	3	12

Long.	Larg.	Haut.	Mèt.	Cent.
140	90	20	3	44
140	100	20	3	76
140	30	30	1	86
140	40	30	2	20
140	50	30	2	54
140	60	30	2	88
140	70	30	3	22
140	80	30	3	56
140	90	30	3	90
140	100	30	4	24
140	40	40	2	56
140	50	40	2	92
140	60	40	3	28
140	70	40	3	64
140	80	40	4	
140	90	40	4	36
140	100	40	4	72
140	50	50	3	30
140	60	50	3	68
140	70	50	4	06
140	80	50	4	44
140	90	50	4	82
140	100	50	5	20
140	60	60	4	08
140	70	60	4	48
140	80	60	4	88
140	90	60	5	28
140	100	60	5	68
140	70	70	4	90
140	80	70	5	32
140	90	70	5	74
140	100	70	6	16
140	80	80	5	76
140	90	80	6	20
140	100	80	6	64

Long.	Larg.	Haut.	Mèt.	Cent.
140	90	90	6	66
140	100	90	7	12
140	100	100	7	60
150	10	10	0	62
150	20	10	0	94
150	30	10	1	26
150	40	10	1	58
150	50	10	1	90
150	60	10	2	22
150	70	10	2	54
150	80	10	2	86
150	90	10	3	18
150	100	10	3	50
150	20	20	1	28
150	30	20	1	62
150	40	20	1	96
150	50	20	2	30
150	60	20	2	64
150	70	20	2	98
150	80	20	3	32
150	90	20	3	66
150	100	20	4	
150	30	30	1	98
150	40	30	2	34
150	50	30	2	70
150	60	30	3	06
150	70	30	3	42
150	80	30	3	78
150	90	30	4	14
150	100	30	4	50
150	40	40	2	72
150	50	40	3	10
150	60	40	3	48
150	70	40	3	86
150	80	40	4	24
150	90	40	4	62
150	100	40	5	

Long.	Larg.	Haut.	Mèt.	Cent.
150	50	50	3	50
150	60	50	3	90
150	70	50	4	30
150	80	50	4	70
150	90	50	5	10
150	100	50	5	50
150	60	60	4	32
150	70	60	4	74
150	80	60	5	16
150	90	60	5	58
150	100	60	6	00
150	70	70	5	18
150	80	70	5	62
150	90	70	6	06
150	100	70	6	50
150	80	80	6	08
150	90	80	6	54
150	100	80	7	00
150	90	90	7	02
150	100	90	7	60
150	100	100	8	00
160	10	10	0	66
160	20	10	1	00
160	30	10	1	34
160	40	10	1	68
160	50	10	2	02
160	60	10	2	36
160	70	10	2	70
160	80	10	3	04
160	90	10	3	38
160	100	10	3	72
160	20	20	1	36
160	30	20	1	72
160	40	20	2	08

Long.	Larg.	Haut.	Mèt.	Cent.
160	50	20	2	44
160	60	20	2	80
160	70	20	3	16
160	80	20	3	52
160	90	20	3	88
160	100	20	4	24
160	30	30	2	10
160	40	30	2	48
160	50	30	2	86
160	60	30	3	24
160	70	30	3	62
160	80	30	4	
160	90	30	4	38
160	100	30	4	76
160	40	40	2	88
160	50	40	3	28
160	60	40	3	08
160	70	40	4	08
160	80	40	4	48
160	90	40	4	88
160	100	40	5	28
160	50	50	3	70
160	60	50	4	12
160	70	50	4	54
160	80	50	4	96
160	90	50	5	38
160	100	50	5	80
160	60	60	4	56
160	70	60	5	
160	80	60	5	44
160	90	60	5	88
160	100	60	6	32
160	70	70	5	46
160	80	70	5	92
160	90	70	6	38
160	100	70	6	84

Long.	Larg.	Haut.	Mèt.	Cent.
160	80	80	6	40
160	90	80	6	88
160	100	80	7	36
160	90	90	7	38
160	100	90	7	88
160	100	100	8	40
170	10	10	0	70
170	20	10	1	06
170	30	10	1	42
170	40	10	1	78
170	50	10	2	14
170	60	10	2	50
170	70	10	2	86
170	80	10	3	22
170	90	10	3	58
170	100	10	3	94
170	20	20	1	44
170	30	20	1	82
170	40	20	2	20
170	50	20	2	58
170	60	20	2	96
170	70	20	3	34
170	80	20	3	72
170	90	20	4	10
170	100	20	4	48
170	30	30	2	22
170	40	30	2	62
170	50	30	3	02
170	60	30	3	42
170	70	30	3	82
170	80	30	4	22
170	90	30	4	62
170	100	30	5	02
170	40	40	3	04
170	50	40	3	46
170	60	40	3	88

Long.	Larg.	Haut.	Mèt.	Cent.
170	70	40	4	30
170	80	40	4	72
170	90	40	5	14
170	100	40	5	56
170	50	50	3	90
170	60	50	4	34
170	70	50	4	78
170	80	50	5	22
170	90	50	5	66
170	100	50	6	10
170	60	60	4	80
170	70	60	5	26
170	80	60	5	72
170	90	60	6	18
170	100	60	6	64
170	70	70	5	74
170	80	70	6	22
170	90	70	6	70
170	100	70	7	18
170	80	80	6	72
170	90	80	7	22
170	100	80	7	72
170	90	90	7	74
170	100	90	8	26
170	100	100	8	80
180	10	10	0	74
180	20	10	1	12
180	30	10	1	50
180	40	10	1	88
180	50	10	2	26
180	60	10	2	64
180	70	10	3	02
180	80	10	3	40
180	90	10	3	78
180	100	10	4	16

Long.	Larg.	Haut.	Mét.	Cent.
180	20	20	1	52
180	30	20	1	92
180	40	20	2	32
180	50	20	2	72
180	60	20	3	12
180	70	20	3	52
180	80	20	3	92
180	90	20	4	32
180	100	20	4	72
180	30	30	2	34
180	40	30	2	76
180	50	30	3	18
180	60	30	3	60
180	70	30	4	02
180	80	30	4	44
180	90	30	4	86
180	100	30	5	28
180	40	40	3	20
180	50	40	3	64
180	60	40	4	08
180	70	40	4	52
180	80	40	4	96
180	90	40	5	40
180	100	40	5	84
180	50	50	4	10
180	60	50	4	56
180	70	50	5	02
180	80	50	5	48
180	90	50	5	94
180	100	50	6	40
180	60	60	5	04
180	70	60	5	52
180	80	60	6	
180	90	60	6	48
180	100	60	6	96
180	70	70	6	02

Long.	Larg.	Haut.	Mét.	Cent.
180	80	70	6	52
180	90	70	7	02
180	100	70	7	52
180	80	80	7	04
180	90	80	7	56
180	100	80	8	08
180	90	90	8	10
180	100	90	8	64
180	100	100	9	20
190	10	10	0	78
190	20	10	1	18
190	30	10	1	58
190	40	10	1	98
190	50	10	2	38
190	60	10	2	78
190	70	10	3	18
190	80	10	3	58
190	90	10	3	98
190	100	10	4	38
190	20	20	1	60
190	30	20	2	02
190	40	20	2	44
190	50	20	2	86
190	60	20	3	28
190	70	20	3	70
190	80	20	4	12
190	90	20	4	54
190	100	20	4	96
190	30	30	2	46
190	40	30	2	90
190	50	30	3	34
190	60	30	3	78
190	70	30	4	22
190	80	30	4	66
190	90	30	5	10
190	100	30	5	54

Long.	Larg.	Haut.	Mét.	Cent.
190	40	40	3	36
190	50	40	3	82
190	60	40	4	28
190	70	40	4	74
190	80	40	5	20
190	90	40	5	66
190	100	40	6	12
190	50	50	4	30
190	60	50	4	78
190	70	50	5	26
190	80	50	5	74
190	90	50	6	22
190	100	50	6	70
190	60	60	5	28
190	70	60	5	78
190	80	60	6	28
190	90	60	6	78
190	100	60	7	28
190	70	70	6	30
190	80	70	6	82
190	90	70	7	34
190	100	70	7	86
190	80	80	7	36
190	90	80	7	90
190	100	80	8	44
190	90	90	8	46
190	100	90	9	02
190	100	100	9	60
200	10	10	0	82
200	20	10	1	24
200	30	10	1	66
200	40	10	2	08
200	50	10	2	50
200	60	10	2	92

Long.	Larg.	Haut.	Mét.	Cent.
200	70	10	3	34
200	80	10	3	76
200	90	10	4	18
200	100	10	4	60
200	20	20	1	68
200	30	20	2	12
200	40	20	2	56
200	50	20	3	
200	60	20	3	44
200	70	20	3	88
200	80	20	4	32
200	90	20	4	76
200	100	20	5	20
200	30	30	2	58
200	40	30	3	04
200	50	30	3	50
200	60	30	3	96
200	70	30	4	42

Long.	Larg.	Haut.	Mét.	Cent.
200	80	30	4	88
200	90	30	5	34
200	100	30	5	80
200	40	40	3	52
200	50	40	4	00
200	60	40	4	48
200	70	40	4	96
200	80	40	5	44
200	90	40	5	92
200	100	40	6	40
200	50	50	4	50
200	60	50	5	C0
200	70	50	5	50
200	80	50	6	00
200	90	50	6	50
200	100	50	7	00
200	60	60	5	52

Long.	Larg.	Haut.	Mét.	Cent.
200	70	60	6	04
200	80	60	6	56
200	90	60	7	08
200	100	60	7	60
200	70	70	6	58
200	80	70	7	12
200	90	70	7	66
200	100	70	8	20
200	80	80	7	68
200	90	80	8	24
200	100	80	8	80
200	90	90	8	82
200	100	90	9	40
200	100	100	10	00

Imp. H. Storck, Lyon.